Inhalt

Josef Neumayer

Salz, Wasser, Licht

Das Kursbuch für gesundes Leben

KOHA

Hinweis:
Die in diesem Buch vorgestellten Informationen, Vorschläge und Anwendungen sind sorgfältig recherchiert und wurden nach bestem Wissen und Gewissen weitergegeben. Dennoch übernehmen Autor und Verlag keinerlei Haftung für Schäden irgendeiner Art, die direkt oder indirekt aus der Anwendung oder Verwertung der Angaben in diesem Buch entstehen.

Salz, Wasser, Licht
Josef Neumayer

1. Auflage: Juli 2005
Lektorat: Petra Neumayer
Gestaltung: jn medien
Covergestaltung: Robert Haas
Gesamtherstellung:
Karin Schnellbach
Druck: Finidr
ISBN 3-936862-61-3

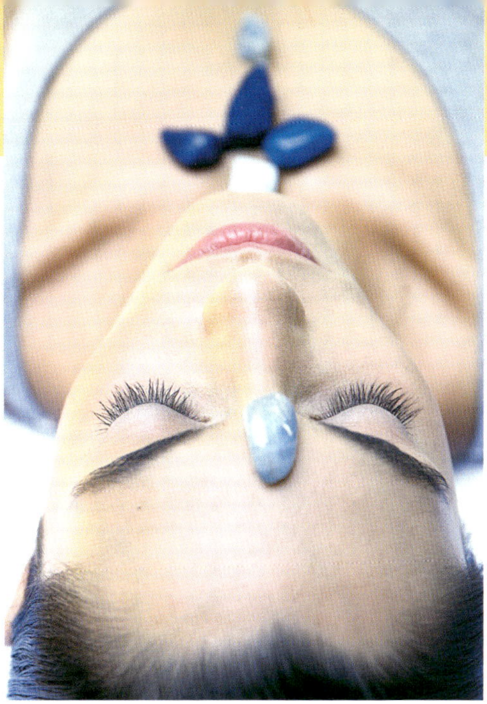

Danksagung

Mein Dank gilt den vielen lieben Menschen, die es mir ermöglicht haben, dieses Buch in die Tat umzusetzen. In erster Linie denke ich da an meine lieben und kritischen Freunde Konrad und Karin, die sehr viel Energie in dieses Projekt gesteckt haben und mich mit ihren Kommentaren immer wieder auf die Erde zurückgeholt haben.

Mein besonderer Dank geht an Peter Ferreira, der mich bei der Arbeit dieses Buches zutiefst inspirierte, ich danke den Brüdern Franz und Paul Mayer für ihre tatkräftige Unterstützung und mein Dank geht auch an meine Ex-Frau Petra, die dazu beigetragen hat, dass dieses Buch in einem überschaubaren Rahmen geblieben ist.

Mein ganz besonderer Dank geht natürlich an meine Kinder Nathanael, Nathalie, Nikita, Andrej und Vera, die viel Geduld mit mir aufbrachten und die immer öfter dazu bereit waren, meiner Arbeit einen höheren Stellenwert beizumessen, als ihren eigenen Bedüfnissen. Ich bedanke mich ganz herzlich bei meiner lieben Frau Ilona, für ihre grenzenlose Liebe und ihr Verständnis und ich bedanke mich bei meinem kürzlich verstorbenen Vater dafür, dass er mir die Erfahrung zuteil werden ließ, wie Menschen angstfrei dem Tod begegnen. Mein Dank gilt auch meiner Mutter, die immer für mich da ist. Ebenso danke ich meinem Bruder Stevie für seine tollen musikalischen Kompositionen, die meinen Geist beflügeln.

Zuletzt geht mein Dank an die vielen ungenannten Freunde und Helfer, die zum Gelingen dieses Buches beigetragen haben.

Vorwort

»Salz und Wasser« – kaum ein anderes Thema hat im Gesundheits- und Wellnessbereich in den letzten Jahren für so viel Wirbel und Aufsehen gesorgt. Die Überraschung für mich lag dabei aber nicht in der heilsamen Wirkung von Salz und Wasser, sondern eher darin, dass es so lange dauerte, bis sich die Menschheit wieder an ihre Wurzeln, an ihre Herkunft erinnert hat. Dabei liegt doch nichts näher. Die persönliche Entwicklung jedes Einzelnen zeigt uns den gleichen Weg wie die Evolution der Menschheit: Alles Leben wurde aus dem Meer geboren. Wasser, Salz und Sonnenlicht gehören somit zu den essenziellen Bausteinen des Lebens – aber wie so häufig war es vielleicht so, dass wir vor lauter Wald die Bäume nicht sahen!

In den letzten Jahren hat sich unsere Einstellung zu bewusster Ernährung und Lebensweise aber dahingehend verändert, dass wir Salz und Wasser jetzt wieder ihren angemessenen Stellenwert in der Hierarchie der Lebensmittel zukommen lassen. Denn heutzutage werden sich immer mehr Menschen über die Bedeutung von Salz und Wasser als *Lebensmittel* bewusst: Jetzt erkennen wir in diesen Lebensmitteln die essenziellen Bausteine des Lebens, die im wahrsten Sinne des Wortes auch im Stande sind, *Leben* zu ver*mitteln*. Wir legen bei der Wahl der Lebensmittel mehr Wert auf Qualität, machen uns Gedanken über die biophysikalischen Eigenschaften von

Lebensmitteln, anstatt dass wir uns nur an chemischen Inhaltsanalysen orientieren. Diese Entwicklung konnte nur in Gang kommen, weil viele Menschen fortan positive Erfahrungen durch Wasser- und Salzanwendungen machten. Zum einen verbesserte sich bei den Anwendern die Lebensqualität maßgeblich, und zum anderen traten bei vielen erstaunliche Heilerfolge ein.
Doch was ist das Einzigartige, das Wunderbare an all diesen persönlichen Erfahrungsberichten über Heilung mit Salz und Wasser?

Je intensiver ich mich mit Salz und Wasser beschäftigte, umso weiter führten mich meine Recherchen bis hin in den Mikrokosmos der Zellen und in die geheimnisvolle Welt des Lichts. Aus diesem Blickwinkel eröffnete sich mir das Thema Salz und Wasser plötzlich in einem vollkommen neuen Licht, nämlich in einem auf Ganzheitlichkeit beruhenden Therapiesystem: Erst wenn Licht (Information) unbewusstes Geschehen erhellt, kann Heilung oder gar ein Quantensprung in der persönlichen Entwicklung stattfinden. Der Biophysiker Professor Fritz-Albert Popp kam zu einem ähnlichen Schluss. Für ihn ist jede Krankheit auf einen Lichtmangel, sprich Energie- oder Informationsmangel in den Zellen zurückzuführen.

Es ist kaum zu glauben, wie sehr Salz und Wasser das Leben vieler Menschen verändert hat. Bei genauerem Hinsehen stellte ich aber fest, dass die »wunderbarsten« Heilungen, die größten Erfolge dann verzeichnet werden konnten, wenn sich zu Salz und Wasser noch eine dritte Kraft bzw. eine andere Energie dazugesellte: das Licht, das Aha-Erlebnis, oder anders ausgedrückt ein Bewusstwerdungsprozess. Lichtenergie findet sich nicht nur in der Materie, sondern wir werden mit ihr auch dann konfrontiert, wenn wir uns einer Sache oder einer Eigenschaft bewusst werden, wenn wir Licht ins Dunkel bringen: Auch dieses Buch soll dazu beitragen, Licht ins Dunkel zu bringen, um uns so ehrfurchtsvoll dem Mysterium von Salz, Wasser und Licht und dem Geheimnis von Heilung und Krankheit einen Schritt weiter anzunähern.

Begleiten Sie mich bei meiner Entdeckungsreise durch die wunderbare Welt von Salz, Wasser und Licht. Vielleicht gelingt es mir, auch Ihnen die Faszination zu vermitteln, die mich bei der Recherche zu diesem Buch erfasst hat. Die Reise geht nicht weit, aber doch sehr tief ins Detail. Dieses Buch gibt Antworten auf die Fragen, was es mit den elementarsten Bausteinen des Lebens wirklich auf sich hat. Lassen Sie sich ein, und lassen Sie uns gemeinsam neue Erkenntnisse gewinnen, die uns helfen unser Leben mit den Bausteinen des Lebens, Salz, Wasser und Licht besser zu verstehen, um ein neues Wohlbefinden und mehr Vitalität und Gesundheit erleben zu können.

Josef Neumayer

Dorfen, Juni 2005

Fakten

I. Bausteine des Lebens

Wenn wir uns mit der Wirkung von Lebens- oder Heilmitteln beschäftigen wollen, respektive verstehen wollen, warum Salz, Wasser und Licht bei den verschiedenartigsten Krankheitsbildern helfen können, müssen wir uns fast zwangsläufig mit den Schlüsselfragen des Lebens und der Krankheitsentstehung und Heilung beschäftigen.

Bei der Erforschung der materiellen Welt leisten Naturwissenschaftler hervorragende Arbeit. Mittlerweile sind sie so tief in die materielle Welt eingedrungen, dass wir auf materieller Ebene zumindest wissen, was die Welt im Innersten zusammenhält. Heute sind wir in der Lage, Teilchen zu beschreiben, für die dem menschlichen Verstand jegliches Vorstellungsvermögen fehlt. Je mehr wir aber im Detail erfahren, desto erstaunlicher und wunderbarer wird unsere Welt. So wandern heute wieder viele Wissenschaftler auf Sokrates' Pfaden und bezeugen dies voller Demut, mit dem Satz: »Ich weiß, dass ich nichts weiß«! Bis heute ist jeder Versuch gescheitert, den Sitz des Lebens zu erforschen bzw. zu bestimmen.

Wir wissen nicht, was einen lebendigen von einem toten Körper unterscheidet. Wir können es nur vermuten und Antworten hierauf in geistigen, göttlichen oder philosophischen Gefilden finden. Mit Sicherheit führt uns unsere Vermutung aber in einen Bereich, der jenseits der materiellen Welt zu finden ist.

Die medizinische Forschung beschäftigt sich vornehmlich mit den chemischen Prozessen des Lebens. Dabei werden die sichtbaren Ausdrucksformen von Krankheit, die Symptome, auf ihre Ursache hin untersucht. Irrtümlicherweise hat sich

im deutschsprachigen Raum eine sprachliche Fehlleistung eingebürgert: Wir sprechen heute fälschlicherweise von Krankheiten, obwohl wir Symptome meinen. Tatsächlich gibt es keine Krankheiten, das wird sehr schnell deutlich, wenn wir dem Wort Krankheit seinen Gegenpol Gesundheit gegenüberstellen.

Die gängigste Erklärung für Krankheit auf der körperlichen Ebene lässt sich noch gut nachvollziehen: Der Gedanke, dass Viren, Pilze, Bakterien oder mechanische Verletzungen (Unfälle) und andere äußerliche Einwirkungen als Alleinverursacher

Was ist Krankheit?
Laut WHO (Weltgesundheitsorganisation) ist eine Krankheit eine Störung der körperlichen, geistigen und/oder seelischen Funktionen, die die Leistungsfähigkeit und das Wohlbefinden eines Lebewesens subjektiv oder intersubjektiv wahrnehmbar negativ beeinflusst oder eine solche Beeinflussung erwarten lässt.

für bestimmte Leiden verantwortlich seien, hat sich fest im gegenwärtigen medizinischen Weltbild verankert. Wesentlich schwieriger wird es mit den Erklärungsmodellen, wenn es um die Heilung geistiger und seelischer Befindlichkeitsstörungen oder um die von schweren oder gar als unheilbar geltenden Krankheiten geht.
Basis einer ganzheitlich orientierten Medizin sind hingegen die Thesen, dass es für die Krankheitsentstehung multiple Auslöser aus verschiedenen Ebenen geben kann und dass sich auch das Krankheitsgeschehen auf mehreren Ebenen abspielt: im Körper, im Geist und in der Seele. Und genau auf diesen Ebenen können die hochenergetischen Schwingungsmuster von Heilwässern, edlen Salzen oder Sonnenhellmitteln bei einem Krankheitsgeschehen ihre Wirkung entfalten bzw. ihre heilende Information an uns weitergeben.

Die Glücksschmiede und die Macht der Gedanken

Die Macht der Gedanken ist das größte Potenzial des Menschen. Die wenigsten sind sich allerdings über die Tragweite dieser Fähigkeit

Das weiß die Wissenschaft über Gedanken
Anfang des 20. Jahrhunderts stellten Wissenschaftler bei der Erforschung der Materie verwundert fest, dass die Natur der Materie und des Atoms scheinbar nur aus Energieansammlungen besteht, die man auch als stehende Wellen elektronischer Energie beschreiben kann. Die Wissenschaftler konnten Hinweise dafür sammeln, dass das Elektron und damit die Materie an sich, vermutlich Eigenschaften von Bewusstsein besitzt. Aufgrund dieser Erkenntnis entzog sich die Wissenschaft quasi selbst den Boden für ihr materialistisches Weltbild. Der geniale Physiker und Nobelpreisträger Albert Einstein soll angesichts dieser Erkenntnisse gesagt haben: »Es sieht immer mehr so aus, als ob das ganze Universum nichts anderes ist, als ein einziger grandioser Gedanke«!

bewusst. Dabei fängt mit dem Gedanken ausnahmslos alles an. Die Ursache für jegliches Sein wird im Geistigen gelegt. Nichts – kein Ding könnte existieren, ohne dass es vorher erdacht worden wäre. Jeder Einzelne ist der Architekt seines eigenen Lebens – seines Glückes Schmied!

Vom kleinsten Haus bis hin zum Eifelturm – alles wurde zuerst erdacht, dann gebaut

Durch die Macht unserer Gedanken werden wir zum Mitschöpfer unseres Universums. Wenn wir diesen Gedanken nur konsequent weiter verfolgen, ergibt sich der Schluss: Unsere Gedanken können uns als der größte Feind oder als der beste Freund in Erscheinung treten. Wenn wir in der Lage sind, unsere Gedanken zu kontrollieren, sind wir auch in der Lage, unser Leben tief greifend zu verändern. Daher werden Heilungen mit Hilfe von Placebos (Scheinmedikamenten) oder Spontanheilungen auch häufig auf die Kraft und somit die Energie positiver Gedanken zurückgeführt.

Anschaulich schildern dies Szenen aus einem Hollywoodstreifen: In einem Krankenhaus werden die Patientenkarten von zwei Männern versehentlich vertauscht. Einer von ihnen hatte Krebs, der andere, etwas hypochondrisch veranlagt, hatte lediglich eine harmlose Infektion. Nachdem der Krebspatient eigentlich schon mit seinem Leben abgeschlossen hatte und dann die freudige Nachricht erhielt, dass es sich nur um eine Infektion handelte, begann der ein neues Leben und wurde gesund. Der andere war jedoch von der Diagnose Krebs so geschockt, dass sich sein Gesundheitszustand so rapide verschlechterte, dass er kurz darauf an Krebs starb. Sie sagen das kommt nur im Film vor? Nein, die Macht unserer Gedanken ist im Stande solche Situationen zu erschaffen. Wir kreieren jeden Augenblick unseres Lebens immer wieder aufs Neue. Wir entscheiden zu jedem Zeitpunkt unseres Lebens, welche Gedanken wir nähren. Jeder Gedanke bringt uns mit einer emotionalen Stimmung in Verbindung. Er legt entweder einen Schatten der Trauer, Depression oder Unlust über uns oder er bringt uns Freude, Glück und Sonnenlicht in unser Herz.

Gedanken sind entweder nährend oder zerstörend. In »Gespräche mit Gott« (Neale D. Walsch) ist zu lesen: »Krankheit und Leiden sind das Gegenteil von Gesundheit und Wohlbefinden und manifestieren sich in eurer Realität auf euer Geheiß. Ihr könnt nicht krank sein, ohne euch auf bestimmter Ebene dazu gebracht zu haben, und ihr könnt wieder wohlauf sein in dem Moment, in dem ihr euch ganz einfach dazu entscheidet«.

An anderer Stelle ist zu lesen: »Tatsächlich ist der Sitz des Geistes aber nicht das Gehirn, sondern der Geist ist in jeder einzelnen Zelle! Der Geist ist in Wirklichkeit reine Energie. Geist ist Denken und Denken ist eine Energie, kein Gegenstand. Das Gehirn ist ein Gegenstand. Es ist ein physischer, biochemischer Mechanismus im menschlichen Körper, mit dessen Hilfe die Energie der Gedanken in physikalische Impulse umgesetzt wird. Das Gehirn ist – ebenso wie der Körper – ein Transformator. Ihr habt in jeder Zelle kleine Transformatoren. Biochemiker haben sich oft darüber geäußert, dass jede einzelne Zelle über eine eigene Intelligenz zu verfügen scheint. Und so ist es auch«...

...»Die Seele ist überall. Der Geist ist nur in jeder Zelle. Es existieren Räume zwischen den Zellen. Tatsache ist, dass euer Körper aus neunundneunzig Prozent Raum besteht.

Deswegen ist die Seele in dir und um dich herum. Sie ist das, was dich in sich birgt und umfasst. Die Seele ist größer als der Körper und sie trägt den Körper in sich«...
... »Wenn also die Seele ›die Luft in und um uns herum‹ ist und wenn jedermanns Seele dasselbe ist, wo endet dann die eine Seele und wo fängt die andere an? Es existiert kein Ort, wo die Seele eines anderen ›endet‹ und meine ›anfängt‹! So wie es auch keine Stelle im Haus gibt, wo die Luft im Wohnzimmer aufhört und die Luft im Esszimmer anfängt. Es ist alles dieselbe Luft. Es ist alles dieselbe Seele!« (Gespräche mit Gott-Trilogie von Neale Donald Walsch , Goldmann Verlag).

Entscheiden Sie sich deshalb heute und jetzt für Gesundheit und Wohlbefinden, und unterstützen Sie diesen heilsamen Entschluss für mehr Lebendigkeit und Freude in Ihrem Leben. Achten Sie auf Ihre Gedanken und ernähren Sie Ihren Körper, Ihre Seele und Ihren Geist mit lebendigen und lichtvollen Lebensmitteln aus dem Reich der Natur!

Frisches Gemüse aus biologischem Anbau vermittelt Lebendigkeit und versorgt den Körper mit Lichtenergie

Heilen mit Information

Doch nicht hinter jeder unerklärlichen Heilung steht der gern zitierte »Placebo-Effekt«. Denn ein Pferd, das mit homöopathischen Mitteln behandelt wurde, wird kaum Kraft seiner Gedanken gesundet sein. So gibt es neben dem bewussten Einsatz der Gedankenenergie einen weiteren, wesentlichen Aspekt, der eine große Rolle im Heilungsprozess spielt: Zugeführte Information in Form von hochenergetischen Schwingungsmustern.

So wird bei der Homöopathie ein Ausgangsstoff, zum Beispiel die Tollkirsche (Belladonna) mit weiteren zehn (D-Potenzen) oder hundert (C-Potenzen) Teilen Wasser vermischt. Bei der D-Potenz wird das Fläschchen mit der Mischung zehnmal kräftig auf eine weiche Lederunterlage geschlagen. Bei der C-Potenz einhundert Mal. Jetzt haben wir eine D1 bzw. eine C1 von Belladonna. In der Folge nehmen wir jeweils einen zehnten bzw. einen hundertsten Teil der eben hergestellten Potenz und fahren in der gleichen Weise

fort. Nachdem wir diesen Vorgang bei der C-Potenz elfmal ausgeführt haben, lässt sich nicht ein einziges Atom von Belladonna in dieser Mischung nachweisen. Bei der D-Potenz brauchen wir 23 Potenzierungsschritte, bis keine Ausgangsmaterie mehr vorhanden ist. Bei diesen Arbeitsschritten übertragen wir allerdings die Information, das Schwingungsmuster von Belladonna. Wir programmieren das Wasser durch gezielte Energiezufuhr. Jeder Schüttelstoß versetzt das Wasser mit neuer Energie.

Experten des Göttinger Max-Planck-Instituts für Strömungsforschung haben beim Verschütteln so genannte Schockwellen aufgespürt, die sich mit bis zu 90 km/h im Glas bewegen. Außerdem stellte man fest, dass die Wassertemperatur im Glas nach 100 Schüttelbewegungen um 2 Grad Celsius gestiegen war.

In der Homöopathie arbeitet man seit mehr als zweihundert Jahren nach diesem Prinzip. Wasser oder eine alkoholische Lösung dient als Trägerflüssigkeit für das elektromagnetische Schwingungsmuster der Arznei. Die elektromagnetische Schwingung wurde von Dr. Ludwig in einem Versuch nachgewiesen: Er gab eine hermetisch verschlossene Ampulle, die eine homöopathische Hochpotenzlösung enthielt, in ein Wasserbecken. Nach einiger Zeit konnte das Frequenzmuster der Hochpotenz im Wasser nachgewiesen werden.

So behandeln zum Beispiel Klassische Homöopathen ihre Patienten mit Präparaten, die ab der Potenzierungsstufe D23 nachweislich keinen Wirkstoff des Ausgangspräparats enthalten: Die Homöopathen berufen sich darauf, mit Informationen und nicht mit Wirkstoffen zu heilen.

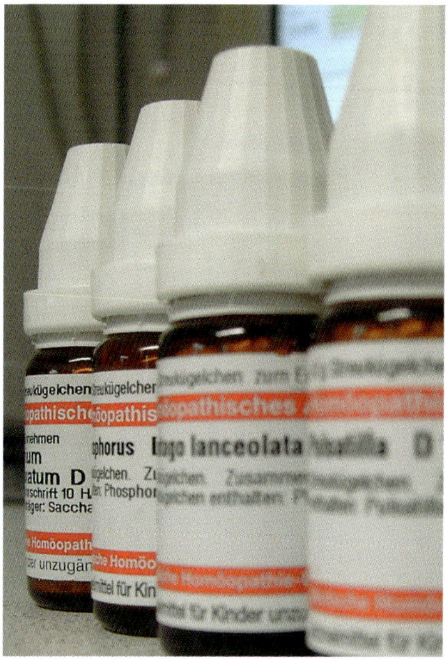

Homöopathische Medikamente wirken durch Informationsübertrgung

Das Aussehen allein gibt keine verlässlichen Hinweise auf die Qualität der Lebensmittel

Wenn man die Arbeit eines Psychologen betrachtet, unterscheidet sie sich nicht grundlegend von der eines Homöopathen. Beide nehmen für sich in Anspruch mit Informationen zu heilen. Da das Wesen der Information jedoch unabhängig vom Informationsträger und immer immaterieller Natur ist, ist gerade in diesem Bereich die Wirksamkeit schwer zu belegen.

Die positiven Gesundheitseffekte von Salz, Wasser und Licht bei den unterschiedlichsten Krankheitsbildern erklären sich also auch durch das Wirken auf energetischer Ebene: Salz, Wasser und Licht wirken nicht nur rein physikalisch auf den Körper ein, sondern informieren auch den feinstofflichen Körper im geistigen oder seelischen Bereich.

Qualität entscheidet

Noch nie war unser Tisch so reichhaltig und voll gedeckt wie heute – doch Quantität ist nicht gleich Qualität. Und so könnte man fast sagen: Wir verhungern am gedeckten Tisch! Denn längst schon ist es wissenschaftlich erwiesen, dass der Vitalstoffgehalt, sprich die Lebenskraft in frischem Obst und Gemüse, das nicht gerade aus kontrolliertem biologischem Anbau stammt, in den letzten 20 Jahren rapide abgenommen hat. Eine Tomate schaut zwar immer noch aus wie eine Tomate – aber der Schein trügt – es ist weniger Tomate drin. Das können Sie auch schmecken.

Die Ursachen hierfür liegen sicher in einer zu sehr profitorientierten Gesellschaftsstruktur: Die Landwirtschaft ist auf Massenproduktion ausgerichtet und schädliche Pestizide kommen beim Obst- und Gemüseanbau zum Einsatz. Monokulturen und die dadurch ausgelaugten Böden tun ihr Übriges dazu, dass der Vitalstoffgehalt in der Nahrung sinkt. Die Nahrung, die wir heute zu uns nehmen, mutiert darüber hinaus immer mehr zu chemischer Astronautenkost. Leblose Substanzen, die zugegebenermaßen gut gewürzt und appetitlich verpackt in den Regalen der Supermärkte auf die Verbraucher warten, werden dann noch verkocht oder in der Mikrowelle vollends zerstört.

Neben den reinen Inhaltsstoffen nehmen wir aus biophysikalischer Sicht mit der Nahrung auch Informationen und Lebensenergie auf (die Inder sprechen von Prana, die Chinesen von Chi), denn Lebensmittel vermitteln Leben. Energetische Biophotonenmessungen können Aufschluss über die Lebendigkeit eines Nahrungsmittels geben und belegen die logische Schlussfolgerung: Je höher die Qualität und somit auch die Bioverfügbarkeit eines Lebens- oder Heilmittels ist, umso lebendiger und heilkräftiger sind die energetischen Schwingungsmuster.

Wichtig: Die Bioverfügbarkeit

Längst ist auch bekannt, dass viele industriell aufbereitete Mineralien, Vitamine und Spurenelemente in isolierter Form gar nicht vom Körper aufgenommen werden. Sie könnten bei einer bestehenden Osteoporose also kiloweise Kalzium zu sich nehmen, das Blut und damit ihr Organismus könnte aber nicht ein Gramm davon für den Zellstoffwechsel gebrauchen. Warum? Weil die im Wasser gelösten Nahrungsergänzungsmittel von ihrer chemischen Struktur her nicht die Zellmembran durchdringen können, weil die Moleküle zu groß sind. Wenn Mineralien also in der grobstofflichen, anorganischen Form dem Körper zugeführt werden, besteht sogar die Gefahr, dass wir unserem Körper damit mehr Arbeit machen als ihm zu helfen. Wenn wir ihn damit nicht gerade durch eine Überdosierung vergiften, so stellen wir ihn jedenfalls vor ein künstlich geschaffenes Entsorgungsproblem, was zusätzlich Energie kostet.

Lesen Sie in den nachfolgenden Kapiteln mehr über Salz, Wasser und Licht und wie wichtig für unseren Organismus gute Qualitäten von Salz und Wasser sind, denn: Du bist, was du isst!

Essen und Trinken entscheiden über unser Wohlbefinden

Salz

II. Salz – das weiße Gold

Dass es ohne Wasser und Licht kein Leben auf unserem Planeten gäbe, leuchtet vielen ein. Wesentlich überraschender dürfte für manche allerdings die Tatsache sein, dass auch ohne Salz kein Leben möglich wäre: Salz reguliert den Wasserhaushalt und die Nierentätigkeit, stabilisiert den Kreislauf und ist ganz wesentlich an der Übertragung von Informationen über die Nervenbahnen beteiligt. Kein Wunder also, dass die Geschichte vom Salz immer eng mit der Geschichte des Menschen verwoben ist.

Als die Menschen vor ungefähr 12 000 Jahren sesshaft wurden, kam dem Salz plötzlich eine größere Bedeutung zu. Konnten sie bislang ihren Salzgehalt noch über die tierische Nahrung aufnehmen, so änderte sich das mit ihren Lebensgewohnheiten.

Schriftlich wurde die Bedeutung von Salz erstmals in der Bibel, im Alten Testament erwähnt: Im dritten Buch Moses wird der Mensch dazu aufgefordert, seine Speisen zu salzen, um Wohlwollen und Gnade zu erhalten. Die ersten Städte bilde-

Die Lüneburger Salzsiede war im Mittelalter lange Zeit Dreh- und Angelpunkt für das weiße Gold. Noch heute können wir auf der »Alten Salzstraße«, der »via regia«, den 130 km langen Weg des Salzes von Lüneburg nach Lübeck verfolgen.

Schon die alten Germanen wussten es:

Salz verfügt über ganz besondere Eigenschaften. Früh erkannten die Menschen, dass dem Salz eine besondere Kraft innewohnt. Mit ihm konnte man der Verwesung und dem Zerfall toten Gewebes entgegen wirken und somit Fleisch und verderbliche Nahrung auf lange Zeit haltbar machen. Die Germanen erkannten im Salz gar etwas Göttliches, da sie im Salz die Vereinigung so gegensätzlicher Elemente wie Feuer und Wasser sahen. Diese Annahme kommt, wie wir heute wissen, nicht von ungefähr: Reines Salz besteht zur Hälfte aus Natrium und zur anderen Hälfte aus Chlorid. Wenn Wasser ins Spiel kommt löst es diese Verbindung. Wasser bildet mit Natrium die basische Natronlauge und mit Chlorid die saure Salzsäure. Beide sind in ihrer konzentrierten Form extrem ätzend und zerstörerisch. Aber in milderer, sprich mit Wasser verdünnter Form, zeigen sie ihren gegensätzlichen Charakter, wie ihn bereits die Germanen mit »Feuer und Wasser« beschrieben haben.
So gesehen erstaunt es auch nicht weiter, dass die Germanen in den Salzquellen heilige Plätze sahen, an denen sie dem Himmel nahe waren. Diese Orte nutzten sie auch zur Heilung.

ten sich in der Nähe von Salzlagerstätten. Da Salz aber nicht überall verfügbar war, entstanden Transportwege und ein lebhafter Handel erblühte. So finden wir heute noch in Deutschland mittelalterliche Salzstraßen. Die Strecke Lübeck, Mölln, Lauenburg und Lüneburg ist immer noch unter dem Namen »Salzstraße« bekannt.

Salz war lange Zeit eine attraktive Handelsware und schon früh wurde es eine sehr begehrte Tauschware. Die Bezahlung der römischen Soldaten, das »Salarium«, war eine Portion Salz. Später sprach man vom Salär. Heute finden wir diesen Wortstamm immer noch in der englischen Sprache: Salary nennen die Engländer ihren Arbeitslohn.

Dass dem Salz eine so bedeutende Rolle zukam, lag nicht zuletzt an den besonderen Eigenschaften, die das Salz zu bieten hat.

Im Mittelalter sah man im Salz den Übermittler der göttlichen Segenskräfte. Selbst in den christlichen Taufritualen fand Salz seinen festen Platz. Salz wurde immer mehr als Heilmittel entdeckt. So machte das Salz in dieser Beziehung einen lebhaften Wandel durch, vom okkulten Element zum Heil bringenden

Salz hat eine uralte Tradition. Unter anderem kam es in Taufritualen zum Einsatz.

Medikament. Schließlich wurde Salz sogar als universales Heilmittel für sämtliche Leiden eingesetzt. Von der äußerlichen Anwendung als Bad, Waschung, Abreibung und zur Wunddesinfektion über die Einnahme bis hin zur rituellen Verwendung, indem es einfach über die Kranken geworfen wurde. Salz war nicht nur in aller Munde, sondern auch sonst überall am Körper anzutreffen.

Heute sind wir uns über die doppelte Natur des Salzes gar nicht mehr im Klaren. Wir verwenden es mehr oder weniger bewusst zum Würzen und erst in neuester Zeit in zunehmendem Maße auch für therapeutische Zwecke. Den mythologischen Hintergrund des Salzes, wie ihn noch die Germanen hatten, haben wir dabei schon ganz aus den Augen verloren. Salz hat nämlich zweierlei Funktionen: es schützt und reinigt.

Die auflösende und zersetzende Wirkung des Salzes bekommen wir vor allem im Winter zu spüren. Hier lässt es Eis schmelzen und Metalle verrotten. Neben dem zersetzenden und auflösenden Aspekt zeigt es uns seinen schützenden Laugencharakter, wenn wir es z.B. als Konservierungsmittel verwenden. Leicht verderbliche, in Salz eingelegte Lebensmittel bleiben erstaunlich lange haltbar. Und so wie Salz auf der einen Seite die Struktur von Eis auflöst, so hält es das Wasser jenseits des Siedepunktes von 100 Grad Celsius immer noch zusammen: Wenn das Wasser der Hitze nicht mehr standhalten kann und die Wassermoleküle beginnen würden sich zu trennen und in Luft aufzulösen, wirkt die Kraft des Salzes dem Verdampfen entgegen.

In den Weltmeeren sind riesige Mengen an Salz gelöst

Salzvorkommen und Abbau

Salz begegnet uns heute in zwei Zustandsformen: fest oder flüssig. Die Weltmeere sind voll von Salz, und die riesigen Salzvorkommen der Erde an Land stammen ursprünglich auch aus dem Meer. Vor etwa 200 bis 250 Millionen Jahren verdunsteten ganze Ozeane und hinterließen riesige natürliche Salzvorkommen. Ob dieser riesigen Salzvorkommen wird auch heute noch in vielen Ländern Salz aus dem Meer gewonnen.

Salzgewinnung aus dem Meer

Rund 30 Prozent der Weltsalzproduktion kommt aus dem Meer. Diese Art der Salzgewinnung ist verhältnismäßig günstig, da neben der Sonnenenergie kaum weitere Energien dafür benötigt werden. Für den Gebrauch als vollwertiges Lebensmittel ist Meersalz allerdings aufgrund der kontinuierlichen Verschmutzung der Meere nicht uneingeschränkt zu empfehlen – beim Kauf von Meersalz sollten Sie daher auf saubere und hoch energetische Meersalze achten. Lassen Sie sich von einem fachkundigen Händler Ihres Vertrauens beraten.

Die bergmännische Solegewinnung

Eine andere, sehr populäre Art der Salzgewinnung ist die bergmännische Solegewinnung. Auf diese Art des Abbaus greift man vorwiegend in den Gegenden zurück, in denen das Salz nur in Adern vorkommt und wo außerdem genügend Süßwasservorräte vorhanden sind. Hier werden die Salzvorkommen in Wasser gelöst und als gesättigte Solelösung abgepumpt. Durch das Ausspülen der Salzschichten entstehen dann Tunnels, die für den herkömmlichen bergmännischen Abbau genutzt werden können.

Bergmännischer Salzabbau. Mit einer Fräsmaschine bohren sich die Arbeiter durch den Salzberg.

Der Bergbau

Die dritte Art der Salzgewinnung ist der Bergbau. Im »modernen« Bergbau werden die Salzvorkommen selbst aus großen Tiefen gefördert. Manche Salzbergwerke fördern das Salz in einer Tiefe von mehr als 1000 Metern. Der Ausgangspunkt ist ein runder, fünf bis sechs Meter gemauerter senkrechter Schacht. Von hier aus führen waagrechte Stollen hunderte von Metern in den Salzberg. Mit schweren Maschinen werden Löcher in das Gestein gebohrt, anschließend wird eine Sprengladung eingebracht. Eine Sprengung löst etwa 2000 bis 5000 Tonnen Gestein aus dem Berg. Meist wird das Salz noch unter Tage zerkleinert und nach Reinheitsgrad sortiert. Aber gerade die Vorgehensweise des bergmännischen Salzabbaus sorgt immer wieder für Diskussionen. Kann der bergmännische Abbau mit Sprengung eine negative Wirkung auf das Schwingungsmuster des Salzes haben? Für manche Anbieter ist die Antwort eindeutig. Sie legen größten Wert darauf, dass bei ihrem Kristallsalz die hochenergetischen Schwingungsmuster nicht durch heftige Detonationen zerstört werden. So lassen sich auch die teilweise eklatanten Preisunterschiede bei den angebotenen Kristallsalzen erklären. Da sich diese Schwingungsmuster mit unseren wissenschaftlich anerkannten Messmethoden noch nicht nachweisen lassen und auch keine Kennzeichnungspflicht besteht, haben wir es als Käufer nicht gerade leicht, die auf dem Markt befindlichen Kristallsalze voneinander zu unterscheiden.

Wenn Sie also Wert darauf legen, dass das Salz von Hand aus dem Berg geschlagen wurde und nicht nur von Hand sortiert oder verpackt wurde, sollten Sie sich beim Salzeinkauf einen Händler Ihres Vertrauens suchen, bei dem Sie sicher sein können, kompetente und wahrheitsgemäße Auskünfte über die Art des Salzabbaus zu erhalten – denn zu einem Kilopreis von wenigen Euros kann solch ein Kristallsalz nicht angeboten werden.

Die Chemie des Salzes

Chemisch gesehen versteht man unter einem Salz die Verbindung eines metallischen mit einem nichtmetallischen Element in einer festen Zustandsform: Das Metall Natrium besitzt ein Elektron zu viel. Beim Nichtmetall Chlorid sieht die Sache genau anders aus. Ihm fehlt ein Elektron in seiner äußeren Hülle. Wenn nun Natrium und Chlorid diese harmonisierende Verbindung eingehen, binden sich beide Elemente so lange, bis das Wasser sie scheidet. Denn Salz und Wasser haben eine tiefe Sehnsucht danach,

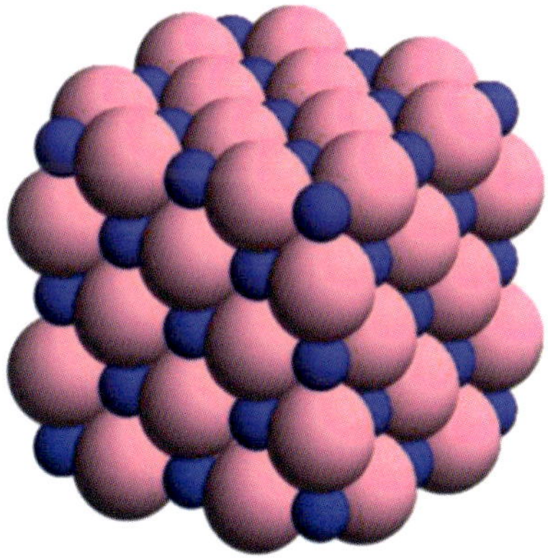

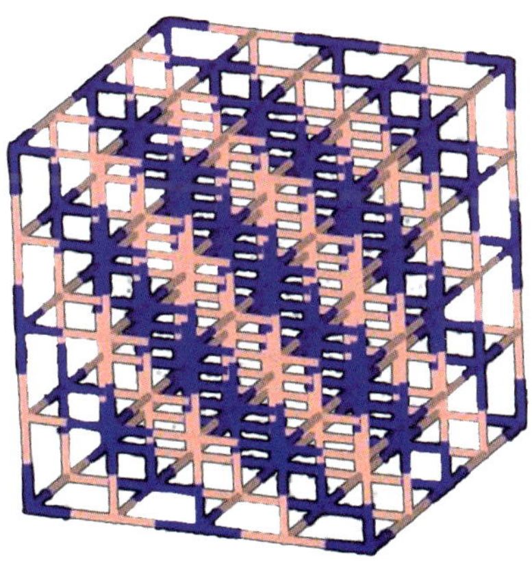

Zwei verschiedene Modelle über die räumliche Anordnung von Natrium (blau) und Chlorid (rot). Aufgrund der elektrischen Ladung bilden sich immer quadratische Kristalle.

Mineralstoffe, die kleinen Helfer im Hintergrund

Ein gutes natürliches Salz ist reich an verschiedenen Mineralstoffen sowie weiteren Spurenelementen und Elementen (fälschlicherweise oft als Verunreinigung bezeichnet). Alle Mineralstoffe sind chemisch gesehen Salze. Nachfolgend für Sie ein Überblick der wichtigsten Mineralstoffe und ihrer Aufgaben:

Natrium ist für den Wasserhaushalt, das Säure-Basengleichgewicht und den osmotischen Druck verantwortlich. Es ermöglicht die Erregbarkeit von Muskeln und Nerven. Ohne dieses Mineral hätten wir kein Schmerzempfinden, der Blutkreislauf würde erliegen und die Nieren würden versagen.

Magnesium hat eine beruhigende und entspannende Wirkung auf den Körper. Es spielt eine wichtige Rolle bei der Erregungsübertragung des Herzmuskels und ist für die Muskelkraft von Bedeutung. Die klassischen Magnesium-Mangelsymptome sind neuromuskuläre Störungen bis hin zu Krämpfen (z.B. nächtliche Wadenkrämpfe).

Kalzium ist wichtig für die Knochen- und Zahnbildung, die Erregungsleitung (Muskelkontraktion), die Ausschüttung von Hormonen und Signalstoffen, die Blutgerinnung sowie für die Herzfunktion. Bei Mangelerscheinungen kann Osteoporose oder eine Knochenstoffwechselstörung auftreten. Es besteht die Gefahr von Wirbelbrüchen, Rumpfverformungen und damit Einschränkung der Mobilität.

Kalium spielt eine bedeutende Rolle bei der Erregung von Muskeln und Nerven. Außerdem ist Kalium an der Regelung des Säure- Basenhaushalts und dem Wasserhaushalt beteiligt, hat Einfluss auf die Bildung von Eiweiß und Glykogen (energiereiches Kohlenhydrat) und wird für die Ausschüttung von Hormonen gebraucht.

Eisen spielt für das Blut und den Körper generell eine wichtige Rolle. Es ist Bestandteil des Hämoglobins und kommt im Blut und in der Muskulatur vor. Die wichtigste Funktion ist der Sauerstofftransport im Blut. Eisenmangel führt daher schnell zu Müdigkeit. Aber auch für das Immunsystem und den Wachstumsprozess wird Eisen benötigt. Es ist an einer Vielzahl von Stoffwechselvorgängen beteiligt, hilft beim Abbau von Stress und trägt einen wesentlichen Teil zur Entgiftung des Körpers bei.

sich ineinander aufzulösen: Salz ist so aggressiv, dass es sogar der Luft das Wasser entzieht; Wasser ist so gierig nach Salz, dass es dieses mühelos in sich aufnehmen kann. Und gerade dieser gelöste Zustand macht die Elemente auch im lebenden Organismus frei und beweglich. Nur in diesem Zustand können sie den für uns lebenswichtigen Funktionen nachkommen.

Unterschiedliche Salze

Wenn wir von Salz sprechen, meinen wir im Allgemeinen das Speisesalz, das wir täglich zum Würzen verwenden. Doch wir haben es mit sehr unterschiedlichen Salzen zu tun. Gerade mit der zunehmenden Industrialisierung hat sich auch das Erscheinungsbild des Salzes mehr und mehr verändert. Damit Sie den Überblick behalten und immer wissen, mit welchem Salz Sie es jeweils zu tun haben (und vor allem, was Sie von jedem einzelnen Salz erwarten können), geben wir Ihnen einen kleinen Überblick der unterschiedlichen Salze, die derzeit angeboten werden. Alle sprechen von Salz und der Bedeutung, die es auf unseren Körper hat. Dabei haben wir vergessen, dass das Wichtigste die im Salz enthaltenen Mineralien und Spurenelemente sind. Das ist auch einer der Hauptgründe, warum Sie beim Salzeinkauf auf ein natürliches, unbehandeltes Salz achten sollten, da dort die für den Organismus lebensnotwendigen Mineralstoffe in ihrer kolloidalen Form enthalten sind.

Raffiniertes Kochsalz (Natriumchlorid)

Das raffinierte Kochsalz hat mit einem Lebensmittel im eigentlichen Sinne genauso wenig zu schaffen wie mit der irreführenden Namensgebung »raffiniert«. Es ist weder besonders schlau, noch ist es als Lebensmittel zu gebrauchen, da es so ziemlich all seiner Lebendigkeit beraubt wurde. Wer sich von diesem Salz in irgendeiner Weise Lebendigkeit oder Gesundheit erwartet, unterliegt lieder der Täuschung einer durchaus raffinierten Marketingstrategie. Denn diesem Salz wurde jegliche Raffinesse entzogen.

Kochsalz oder Natriumchlorid begegnet uns in größeren Mengen vor allem in Konservennahrung und einer Vielzahl von Knabbergebäck

An der chemischen Zusammensetzung gibt es zwar am Natriumchlorid, dem so genannten Kochsalz, sicher nichts auszusetzen – biophysikalisch haben wir es allerdings

mit einer leb- und energielosen Substanz zu tun, die beim Verzehr mehr Energie verbraucht als sie zuführt. Wer von einem Salz nicht mehr erwartet, als dass es den Geschmack der Nahrung verändert, kann das mit Natriumchlorid wohl erreichen, vom gesundheitlichen Standpunkt aus betrachtet sollten sich Konsumenten dieses Salzes aber streng an die medizinischen Ratschläge halten, so salzarm wie möglich zu leben. Hier macht die Warnung vor gesundheitsschädlichen Einflüssen von Salz tatsächlich noch Sinn.

Unsere Lebensmittel werden zwar strengstens untersucht, aber die zunehmende chemische Belastung durch »erlaubte Zusatzstoffe« führt die Kontrolle ad absurdum

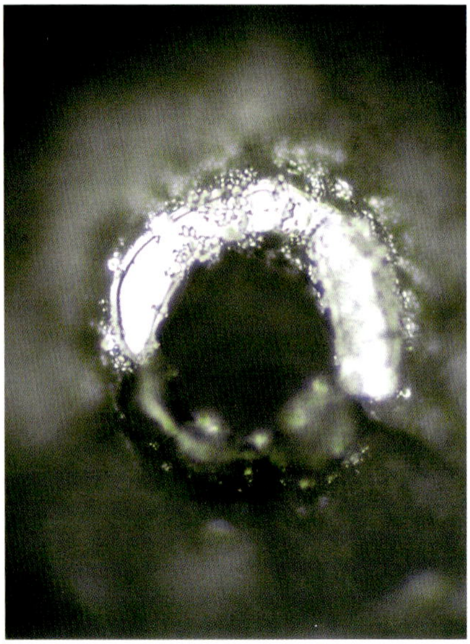

Diese Aufnahme von Dr. Masaru Emoto zeigt einen Eiskristall, der aus einer Salzlösung mit raffiniertem Kochsalz gebildet wurde. Die typisch ausgeprägte Form eines Kristalls fehlt völlig.

Warum kann Kochsalz schädlich sein? Die abenteuerliche Entwicklung des Salzes im Zuge der Industrialisierung hat dafür gesorgt, dass das ehemals natürliche Salz zum Zwecke der chemischen Verwertbarkeit als Reaktionsmittel von sämtlichen Verunreinigungen, sprich anderen chemischen Elementen »gereinigt« wurde. Reines Natriumchlorid wird in der chemischen Industrie in Massen verarbeitet. Nahezu jeder chemisch hergestellte Stoff kommt durch eine chemische Reaktion mit Natriumchlorid zustande. Ob Waschmittel, Kunststoffe, Lacke, Hydraulikmittel, Kühlmittel, Pestizide oder, oder oder. All diese Produkte verdanken ihre Existenz reinem Natriumchlorid. 90 Prozent der weltweiten Salzproduktion werden von der chemischen Industrie verbraucht. Hierfür benötigt man

Dieses Bild, ebenfalls von Masaru Emoto aufgenommen, zeigt einen Eiskristall, der aus einer Solelösung mit Kristallsalz hergestellt wurde

allerdings reinstes Natriumchlorid. Der dafür nötige Raffinierungsprozess beraubt das ursprünglich mehr oder weniger licht- und kraftvolle Salz nicht nur seiner natürlichen Mineralstoffe, Spurenelemente sowie weiterer Elemente, sondern auch seiner Lebendigkeit. Deshalb verwendet man das leblose und hoch aggressive Salz dazu, die eigentlich frischen und ihrem Namen noch durchaus gerecht werdenden Lebensmittel »haltbar« zu machen, was allerdings so endet, dass diese durch den Konservierungsprozess ebenso ihre Lebendigkeit verlieren. Durchschnittlich gelangen etwa acht Prozent reines Natriumchlorid von der »Konservierungsmittelindustrie« in unsere Nahrungskette. Kräftig gesalzene oder gepökelte Nahrungsmittel bleiben über einen unglaublich langen Zeitraum haltbar.

In den Regalen unserer Supermärkte finden wir solche Produkte unter der Bezeichnung Kochsalz, Speisesalz oder Tafelsalz, wahlweise mit Fluor und/oder Jod oder neuerdings mit Folsäure versetzt. Damit man den Salzstreuer nicht ständig von Salzklumpen befreien muss, gibt die Industrie dieser leblosen Salzmixtur noch einen Schuss giftiges Aluminiumhydroxid als Rieselhilfe dazu. Da dieses weiße Pulver dennoch den

Exkurs

Die Jod-Saga

Seit Jahrzehnten wird die Jod-Kampagne immer wieder neu angeheizt. Einen unrühmlichen Höhepunkt erreichte diese Diskussion im August 1999, als sich einige Jodbefürworter in einem regionalen Wochenblatt mit dem blasphemischen Satz zitieren ließen: »Unser tägliches Jod gib uns heute«. Als im Jahre 1995 die flächendeckende Zwangsjodierung in Deutschland vollzogen war, feierte man das als die erfolgreichste Werbemaßnahme der letzten zwanzig Jahre. Dementsprechend ist auch heute noch ein Großteil der deutschen Bundesbürger der Meinung, dass jodangereicherte Produkte gut für ihre Gesundheit seien, zumal das Bundesgesundheitsministerium diesen Glauben noch durch ein zusätzliches Gütesiegel »Gesünder mit Jodsalz« untermauert.

Das im handelsüblichen Kochsalz enthaltene Jod kann in dieser Form weder vom Körper verstoffwechselt werden, noch hat es irgendeine gesundheitsfördernde Wirkung. Im Gegenteil – mittlerweile weiß man, dass Jod zu den Stoffen zählt, die im Verdacht stehen, das Krebsrisiko indirekt zu beschleunigen.
Die so genannten Nitrosamine gehören zu den aggressivsten Krebsauslösern überhaupt. Nitrosamine werden vor allem im Magen gebildet. Die Menge des sich im Magen entwickelnden Nitrosamins hängt von der Aufnahme verschiedener Nahrungsmittel und Zusatzstoffe ab. Insbesondere Jod hat eine stark beschleunigende Wirkung auf die Nitrosaminbildung. Noch schneller geht's, wenn zwei Katalysatoren wie z.B. Jod und Thiozyanat (im Speichel), oder Jod und Chlorogensäure (im Kaffee) enthalten sind.

Auf dem 14. Wiesbadener Schilddrüsengespräch im Februar 1996 brachte Prof. Dr. med. Robert A. Wahl zur Sprache, dass jeder vierte Japaner altersunabhängig kleine papilläre Mikrokarzinome aufweist. In Skandinavien war es vergleichsweise nur jeder 17te . Japan, das Land mit dem höchsten Jodvorkommen der Welt, weist interessanterweise mit 25 Prozent die höchste Schilddrüsenkrebsrate der Welt auf. Die Krebsrate in anderen Ländern nimmt in dem Maße ab, in dem ihre Jodzufuhr geringer ist. Heißt das also, weniger Jod, weniger Krebs? Wenn wir Deutschland, das so genannte »Jodmangelgebiet« als Referenz nehmen, zeigt sich durchaus Erstaunliches: Deutschland hat weltweit die niedrigste Rate an Schilddrüsenkrebserkrankungen.

»Codex Alimentarius« (Lebensmittel-Kodex, der eine Reihe von Standards für Lebensmittel und Lebensmittelsicherheit beinhaltet) erfüllt, ist es per Gesetz als so genanntes Lebensmittel einzustufen. Das dazu passende Konservierungsmittel darf dann natürlich nicht fehlen: Ob es sich nun um nicht anzeigepflichtige Konservierungsstoffe wie Kalziumcarbonat, Magnesiumcarbonat oder einen der zahlreichen E-Stoffe handelt, scheint sowohl für den Verbraucher als auch für den Hersteller keine Rolle zu spielen. Hauptsache das Produkt entspricht der Lebensmittelnorm und es ist billig.

Aggressives Natriumchlorid

Natürlich braucht der menschliche Organismus mehr als ein Salz, das lediglich die beiden chemischen Elemente Natrium und Chlorid enthält. Es hat nämlich durchaus seinen Sinn, dass im Salz so viele »verunreinigende« Elemente vorhanden sind. Daher stellen wir uns ein ganzheitliches Salz etwas anders vor. Der lebendige Organismus kann nämlich mit den isolierten Elementen Natrium und Chlorid genauso wenig anfangen, wie mit den oben genannten Zusatzstoffen. Dem Salz fehlen die

Zu einer ganzheitlichen Lebensweise gehören auch die richtigen Lebensmittel. Nur wenn Körper, Geist und Seele angesprochen werden, wird die jeweilige Methode auch von Erfolg gekrönt sein.

natürlichen Gegenspieler in Form von Mineralien und Spurenelementen. Tatsächlich ist es so, dass das »reine«, von Spurenelementen gereinigte Salz (Natriumchlorid) eine äußerst aggressive Wirkung auf den lebendigen Organismus hat. Selbst wenn wir nur die chemische Ebene betrachten, hat das Fehlen der natürlichen Antagonisten (die so genannten Gegenspieler), wie Kalium, Kalzium, Magnesium und Spurenelemente zur Folge, dass das Salz seiner eigentlichen Wirkung, nämlich eine reibungslose Informationsübertragung über die Nervenbahnen zu gewährleisten, nicht mehr nachkommen kann. Das Gegenteil ist sogar der Fall. Auf der biophysikalischen Ebene stellen wir nämlich fest, dass das seiner Lebendigkeit beraubte Salz den Organismus belastet, statt ihn zu unterstützen. Isoliertes Natriumchlorid ist aggressiv und daher sucht es sich adäquate »Gegner«, mit denen es seine Kräfte messen kann. Es wäre durchaus vorstellbar, dass die dazu passenden resonanten Schwingungsmuster in den herausgefilterten Mineralien und Spurenelementen vorhanden gewesen wären. Wenn das reine Natriumchlorid aber keine natürlichen Grenzen mehr aufgezeigt bekommt (also keine natürlichen Gegenspieler mehr hat), muss diese Energie zusätzlich vom Organismus aufgebracht werden, um es zu neutralisieren. So lässt sich erklären, warum in unserer Zeit so viele Menschen mit Salzmangelerscheinungen (siehe auch Salz in der Medizin) zu kämpfen haben, obwohl die Natriumchloridwerte überhöht sind.

So kennen wir es alle, unser tägliches Salz. Weiß wie Schnee und knochentrocken dank Rieselhilfe.

Achtung: Die Salzfalle

Im Schnitt nehmen wir täglich 12 bis 20 Gramm Natriumchlorid auf. Der größte Teil davon versteckt sich in unseren Nahrungsmitteln, ohne dass wir uns dessen überhaupt bewusst sind. Dabei benötigt unser Körper lediglich die minimale Menge von 0,2 Gramm Salz täglich. Da der menschliche Organismus je nach Alter und Gesundheitszustand aber nur fünf bis sieben Gramm über die Nieren ausscheiden kann, baut sich über die Jahre ein enormer Salzüberschuss im Körper auf. Glücklicherweise nutzt der Organismus jedoch seine Selbstheilungskräfte und er versucht das überschüssige Natriumchlorid wieder loszuwerden. Er bindet es also an Wassermoleküle, um ihm dadurch die Giftigkeit zu nehmen. Doch selbst extrem hoher Wasserkonsum kann aus oben genannten Gründen nicht helfen, da die Nieren mit sieben Gramm täglich bereits am Limit angekommen sind. Bleibt also nur noch das hoch strukturierte und kostbare Zellwasser.

Das führt allerdings dazu, dass der Körper dehydriert: Das überschüssige, nicht abbaufähige Salz, trocknet also den Körper immer mehr aus. Die dehydrierten Zellen sterben bei diesem Prozess ab und belasten den Organismus zusätzlich.

Naturheilkundler glauben auch, dass der Natriumchlorid-Überschuss eine mögliche Ursache für viele Gelenkbeschwerden ist. Denn nicht abgebautes Natriumchlorid und Harnsäure gehen neue Molekülverbindungen ein. Dabei bilden sie im Körper, genauer gesagt auf den Knochen, Kristalle. Diese verteilen sich über den gesamten Knochen, bis hin zu den Gelenken. Je größer die Kristalle werden, desto größer ist die Wahrscheinlichkeit, dass diese irgendwann aufeinander reiben – schmerzhafte Entzündungen sind die mögliche Folge.

Meerwasser + Sonne = Meersalz

Zur Gewinnung von Salz aus Meerwasser wird das salzhaltige Wasser nacheinander in flache Becken, so genannte Salzgärten, geleitet. Die Kraft der Sonne und der Wind lassen das Wasser verdunsten und das Salz auskristallisieren. Anschließend wird das Salz von Steinen und groben Verunreinigungen gesäubert und schließlich mit Sole gewaschen. Die Salzkristalle werden dann getrocknet und fein gemahlen.

Die Ernte von Meersalz in Lanzarote. Das Meer liefert Salz ohne Ende.

Meersalz besteht aus etwa 95 Prozent Natriumchlorid und anderen Salzen wie Kaliumchlorid, Magnesiumchlorid und Magnesiumsulfat. Ebenso finden wir einen relativ hohen Anteil an Mineralien wie

z.B. Kalium, Magnesium und Kalzium. Eigentlich hätten wir mit dem Meersalz und der Gewinnung durch Sonnenenergie ein sehr gutes und hoch energetisches Salz, das unserem Anspruch an Ganzheitlichkeit gerecht werden könnte.

Ein Problem stellt allerdings die zunehmende Verschmutzung der Weltmeere dar. Streng genommen sind alle Meere mehr oder weniger mit Pestiziden und Schwermetallen belastet. Selbst wenn das Meersalz unter paradiesisch anmutenden Bedingungen (optisch kristallklares und reines Wasser) von Hand »geerntet« wird, kann auch dies nicht über die tatsächliche Belastung der Weltmeere und damit des Meersalzes hinweg täuschen. Wird das Meersalz jedoch einem Raffinierungs- oder Reinigungsprozess unterworfen, ist die Ganzheitlichkeit und Natürlichkeit des Salzes allerdings schon wieder gestört.

Ungereinigtes, nicht raffiniertes und von der Sonne getrocknetes Meersalz wird selbst bei liebevollster Ernte immer mit dem Makel der verschmutzten Weltmeere leben müssen. Wer sich für Meersalz entscheidet, sollte in jedem Fall darauf achten, dass es von Hand »geerntet« wurde und keine weiteren Zusatzstoffe hinzugekommen sind.

Kristallsalz

In den letzten Jahren avancierte »Himalaja«-Kristallsalz zum Kassenschlager und Anbieter dieser Salze schossen wie Pilze aus der Erde. Inzwischen kursieren über Herkunft und die angeblich im Kristallsalz vorkommenden 84 chemischen Elemente unzählige Märchen und Sagen, die viele Salzanwender verunsichert haben.

Kristallsalz und die 84 Elemente

Wenn die Sprache auf natürliches Salz kommt, geht es häufig um die Parallele zu den 84 Elementen, aus denen der menschliche Körper angeblich besteht. In einem natürlichen Salz sind sämtliche Informationen der Ganzheitlichkeit enthalten. Es hängt nicht davon ab, ob die Elemente in ihrer materiellen Form tatsächlich noch nachweisbar sind: Im menschlichen Körper lassen sich auch nicht alle 84 Elemente nachweisen. Außerdem – wer kann sich schon Mengen und Größenordnungen vorstellen, die im Part per Million-Bereich (ppm = die millionsten Teile einer Menge) liegen?

Im Grunde spielt die Herkunft (Himalaja, Pakistan oder Europa) von Stein- oder Kristallsalz keine so bedeutende Rolle. Unabhängig vom Herkunftsland ist entscheidend, dass alle Kristallsalze mehr oder weniger die gleichen chemischen Eigenschaften besitzen, dass es natürliche Salze sind, die seit mehr als 100 bis 200 Millionen Jahren eine kristalline Struktur besitzen und im Vergleich zu herkömmlichem Kochsalz über eine Ganzheitlichkeit verfügen. Ob ein solches Kristallsalz nun aus dem Himalaja stammt oder nicht, spielt also nicht die wesentliche Rolle.

Die Qualitätsunterschiede von Kristallsalz kommen mehr im feinstofflichen Schwingungsmuster, im nicht materiellen Bereich zum Tragen. Wie beim Wasser können wir auch davon ausgehen, dass Salzkristalle über ein eigenes Schwingungsmuster verfügen. Und auch wenn das Salz noch so fest erscheinen mag, wissen wir doch, dass es schwingt und es sich in jedem Augenblick neu formt und verändert. Ob bei der Entstehung der Kristalle nun ein besonders hoher Druck der Gesteinsschichten einen positiven Einfluss auf das Kristallsalz hat oder nicht, ob dadurch eine bessere kolloidale Verfügbarkeit der in ihm enthaltenen Mineralien besteht oder nicht, sei an dieser Stelle ebenfalls dahin gestellt, da es hierfür keinerlei Belege gibt.

Es gibt verschiedene Salze unterschiedlicher Güte. Vor allem die Abbaumethode bestimmt den Preis und den Verwendungszweck. Wer Salz nur zum Kochen verwendet, kann auf günstigere Marken zurückgreifen. Für eine Sole-Trinkkur oder für therapeutische Zwecke empfiehlt sich ein Salz, das frei von störenden Einflüssen abgebaut wurde.

Entscheidend ist allein die Ganzheitlichkeit dieser Salze. Ein natürliches, unbehandeltes Kristallsalz scheint allerdings genügend Energie zu besitzen, um bei vielen Störungen lindernd zu wirken. Ob also ein energetischer Unterschied besteht, ob Salz mit roher Gewalt aus dem Berg gesprengt oder ob es von Hand heraus gelöst wurde – diese Frage lässt sich heute mit anerkannten wissenschaftlichen Methoden noch nicht beantworten. Rein gefühlsmäßig würde ich jedoch Lebensmittel bevorzugen, bei deren Herstellung Liebe und Achtung gegenüber der Sache und den daran beteiligten Menschen groß geschrieben wird.

So werden alle, die auf der Suche nach einem hoch energetischen Kristallsalz sind, an dieser Stelle auf das Vertrauen ihres Händlers bauen müssen. Auch am Preis lässt sich oft erkennen, dass ein Salz vielleicht nicht hält, was der Händler verspricht: Die meisten Natursalze bzw. Kristallsalze, die derzeit über den Ladentisch gehen, stammen aus industriellem Massenabbau mit Sprengung, was leicht an den verhältnismäßig billigen Preisen zu erkennen ist. Von Hand abgebautes und verarbeitetes Kristallsalz ist meines Wissens jedoch bei weitem nicht zu den niedrigen Preisen zu haben.

Salz heilt

Die heilenden Eigenschaften von Salz führen zurück bis in die Antike. Mal Allheilmittel und mal vom Speiseplan verdammt – Salz hat alle Höhen und Tiefen der historischen, mystischen und wissenschaftlichen Anwendungen mit- und durchgemacht. Vom Kraftplatz der Salzförderung als heilender Ort, bis hin zur völligen Entmaterialisierung als homöopathische Verschüttelung, reicht das nahezu unerschöpfliche Spektrum unterschiedlichster Anwendungsgebiete.

Neben den bekannten Salzheilstollen gibt es auch Wärmeheilstollen, wie hier in Bad Gastein

Im Folgenden möchte ich Ihnen die Meilensteine der Salztherapie näher bringen. Beginnen wir unsere Reise in Dunkelheit im innersten des Salzstocks, dem Heilstollen.

Heil im Stollen

Der Heilstollen ist eigentlich immer ein Nebenprodukt der Salzindustrie. Die Germanen nannten diese Orte heilig und fürwahr, haben sie etwas ganz Besonderes zu bieten. Das Klima in einem stillgelegten Salzstollen ist absolut konstant. Die Luftfeuchtigkeit liegt bei etwa 80 Prozent, die Temperatur bei kühlen 12 Grad Celsius und die extrem staubfreie und salzhaltige Luft eignet sich ganz besonders zur Behandlung von Haut- und Atemwegserkrankungen. Mehrere Studien in verschiedenen Salzstollen brachten immer ähnliche Erfolgsmeldungen hervor: Husten,

Gradierwerke wurden ursprünglich zur Salzgewinnung errichtet. Heute dienen sie der Gesundheit.

Asthma, Heuschnupfen, Schlafstörungen, Allergien, Neurodermitis und andere organische Leiden sprechen besonders gut auf eine mehrwöchige Kur im Salzheilstollen an. Das Verblüffende an diesen Studien war, dass sich die Wirkung des Heilstollens, sprich die Verbesserung des Leidens, bei vielen mindestens über mehrere Monate und bei manchen sogar für die Dauer eines Jahres bemerkbar gemacht hat. Das natürliche Bergsalz hatte eine so nachhaltige Wirkung, dass manche Forscher darüber nachsannen, wie sie diese therapeutischen Eigenschaften des Salzes mobil machen könnten – schließlich hat ja nicht jeder die Zeit, sich wochenlang in ein stillgelegtes Salzbergwerk zu legen.

Salzkristalle als Heilsteine

Was liegt näher, als Salzsteine aus dem Berg zu schlagen und sie mit nach Hause zu nehmen? Diesen Gedanken verfolgte man zumindest in der Steinheilkunde schon

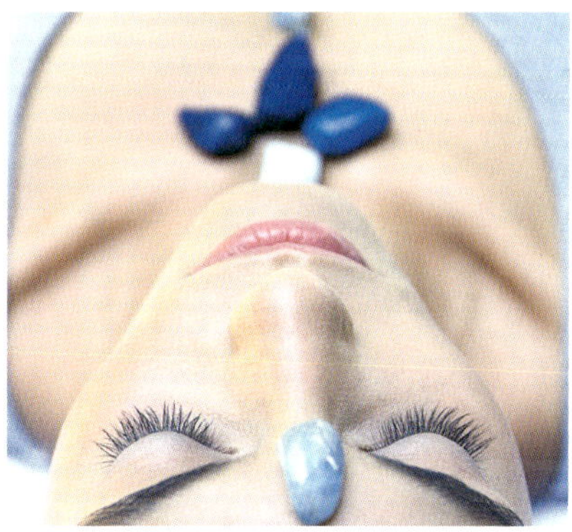

Die Verwendung von Edelsteinen als Heilsteine ist schon lange bekannt. Weniger bekannt ist dagegen die Heilkraft von Salzkristallen.

seit längerem. Hier wird der Salzkristall als Heilstein verwendet. Im Gegensatz zur heute gebräuchlicheren Anwendung wird in diesem

Fall der Salzkristall nicht aufgelöst, sondern in seiner kristallinen Form belassen. Die heilende Wirkung ist in diesem Fall ausschließlich auf der energetischen, feinstofflichen Ebene zu erwarten. Heilsteine dienen in der Regel zur Stärkung des eigenen Energiefeldes oder zur Reinigung der Raumatmosphäre. Jeder Edelstein hat sein ganz spezifisches Schwingungsmuster und dementsprechend auch seine bestimmte Heilwirkung. Die Steine und auch der Salzkristall werden dabei als Anhänger oder in einem Säckchen am Körper getragen.

Die Anwendung von Salzsteinen bietet ein breites Feld an Einsatzmöglichkeiten. Vom Auflegen der

Salzkristalllampen erzeugen eine angenehme Wohnatmosphäre

Steine auf bestimmte Energiepunkte, die so genannten Chakren, über die Salzkristallsteinmassage bis hin zum Salzsteinkreis (durch das kreis- oder ovalförmige Auslegen mehrerer Salzkristalle werden störende Energien absorbiert). Die besondere neutralisierende Wirkung des Salzes wird so jedenfalls auf mehreren Ebenen deutlich zum Ausdruck gebracht. Das zeigt, Salz wirkt auf mehreren Ebenen.

Positiver Ionen-Killer

Die Idee, Salzkristalle als Lampen zu verwenden, kam Ende der 90er Jahre. Zu dieser Zeit hielten die ersten Salzkristalllampen Einzug in die Wohn-, Schlaf- und Arbeitszimmer. TV-Geräte, Computerbildschirme, Funktelefone und allerlei andere technische Spielereien bescheren uns ein mit positiven Ionen aufgeladenes Raumklima. Die von Elektronikgeräten erzeugten, künstlichen elektromagnetischen Wellenlängen mit verschiedensten Frequenzwerten wirken sich nachweisbar nicht nur störend, sondern krankheitsfördernd auf unseren Organismus aus, da sie unsere natürliche Resonanzfrequenz überlagern. Durch diese Überlagerungen werden unserem körpereigenen Energiefeld elektromagnetische Feldlängen aufgezwungen, welche die natürliche Bewegungsform und somit die Entwicklung unserer Zellen nachhaltig beeinträchtigt. Sowohl wissenschaftliche als auch empirische Untersuchungen belegen, dass Salzkristall-Leuchten biophysikalische Eigenschaften aufweisen, die sich positiv auf das Wohlbefinden auswirken können. Salzkristall-Leuchten geben negative Ionen an ihre Umgebung ab und erweisen sich so als positiver Ionen-Killer.

Die Emission von Ionen ist allerdings nicht die hervorstechendste Eigenschaft der Lampen. Von mindestens ebenso großer Bedeutung ist die Neutralisationsfähigkeit und die damit verbundene Reinigungskraft der Umgebungsluft. Eine Eigenschaft, die gerade Asthmatikern und Allergikern spürbare Linderung ihrer Symptome bereiten kann.

Das durch seine atomare Struktur bereits auf neutrale Ausrichtung aufgebaute Salzmineral kann vermutlich diese künstlichen Feldfrequenzen auf natürliche Weise ausgleichen und wirkt dadurch wie ein natürlicher Verstärker, der die für unser Leben so notwendige Resonanzfrequenz von acht bis zehn Hertz übernimmt und gleichzeitig an unsere Umgebung abgibt. Durch die Benutzung einer Salzkristall-Leuchte können wir die durch elektronische Geräte erzeugten elektromagnetischen Wellenlängen auf natürliche Weise ausgleichen und

Gesundheit kommt nicht von ungefähr. Der Aufenthalt unter freiem Himmel und bei frischer Luft sind ein guter Ausgleich für die stickige Luft in den Büros und Wohnzimmern.

Sole – so wird's gemacht

Sole erhält man, indem man ein verschließbares Glas- oder Porzellangefäß mit frischem qualitativ hochwertigem Wasser füllt und dann einige Brocken natürliches Kristallsalz dazugibt. Je nach Menge des Wassers und des Salzes werden sich die Salzbrocken in etwa drei Stunden vollkommen aufgelöst haben. Ist das nicht der Fall, haben Sie wahrscheinlich schon eine gesättigte Sole-Lösung. Rühren Sie die Sole ein wenig und bewegen die Salzsteine leicht hin und her. Haben sich die Steine vollständig aufgelöst, geben Sie ruhig noch einige Kristall-Salzbrocken dazu, gerade so, dass Sie noch bequem die Sole mit einem Porzellanlöffel abschöpfen können. Die Sole hat einen Salzgehalt von etwa 26 Prozent, wenn sie gesättigt ist, das heißt, das Wasser ist dann nicht mehr in der Lage, das kristallisierte Salz in Natrium- und Chloridionen zu zerlegen. Je nach Verbrauch können Sie nun kontinuierlich Salz und Wasser dazu geben. Solange unaufgelöste Salzkristalle im Gefäß sind, bedeutet das, dass Sie immer noch eine gesättigte Solelösung vor sich haben. Eigentlich gibt es keinen Grund diesen Vorgang zu unterbrechen. Nach einiger Zeit kann sich jedoch rötliches Sediment im Gefäß absetzen und das Salz kann beginnen das Gefäß einzukristallisieren. Die Salzkristalle können Sie in diesem Fall einfach herausnehmen und die noch vorhandene Sole in ein frisches Gefäß schütten (das Sediment bleibt im Gefäß zurück). Dann können Sie Ihr Solegefäß mit Wasser reinigen und anschließend wieder befüllen.
Die Sole ist unbegrenzt haltbar und kann weder durch Keime, Pilze, Viren oder Bakterien unbrauchbar gemacht werden.

neutralisieren. Damit die Lampe selbst nicht noch für weiteren Elektrosmog sorgt, gibt es hierfür eine spezielle Abschirmung, die in jede Lampe nachträglich eingebaut werden kann.

Bei allen wissenschaftlichen Studien und Gegenuntersuchungen hat sich dennoch eines ohne Zweifel gezeigt: Die positive Wirkung von Kristallsalzlampen wurde unterm Strich einheitlich belegt. Nicht zu vergessen ist dabei natürlich der angenehme Eindruck, den allein das Licht vermittelt. Es verleiht jedem Raum eine harmonische Atmosphäre. Wenn wir das Schwingungsmuster aber näher betrachten, stellen wir fest, dass dieses durch den Salzkristall ausgestrahlte Licht in einem Frequenzbereich liegt, der dem so genannten Warmtonbereich von 600 – 700 Nanometern entspricht. In der Medizin werden bereits seit Jahrzehnten Bestrahlungen mit monochromatischem Licht durchgeführt, da diese Frequenzen direkten Einfluss auf unsere zellbildenden Funktionen ausüben. Inwieweit Salzkristalllampen sich aus medizinischer Sicht als natürliche Strahlungsquelle eignen, müsste noch durch Studien belegt werden.

Salz in der Küche

Wenn wir in diesem Buch auch in erster Linie die Heilwirkungen des Salzes betrachten, ist der Einsatz von Kristallsalz oder einem ähnlichen naturbelassenen Salz gerade auch in der Küche von großer Bedeutung für die Gesundheit. Über viele Nahrungsmittel nehmen wir – ohne es zu merken – ohnehin schon eine beträchtliche Menge an raffiniertem Kochsalz auf. Achten Sie daher gerade im Alltag auf ein natürliches und unraffiniertes Kristallsalz, das Sie bei dem Händler Ihres Vertrauens auch als Granulat bekommen. Sie können aber auch mit Sole kochen und besonders gut Salatsaucen damit würzen.

Für den täglichen Gebrauch in der Küche und zum Würzen kann man unbedenklich auf preisgünstige Natursalze zurückgreifen

Sole – flüssiges Gold

Sole bietet uns eine Vielzahl von Einsatzmöglichkeiten, die auf eine mehr als tausendjährige Tradition zurückblicken können. Traditionell kennt man natürliche Solequellen als Wallfahrtsorte und Plätze der Kraft. So wie die Germanen diese Plätze ehrten und aufsuchten, pilgern heute noch viele Menschen

an diese Orte, um an den wohl bekannten heilenden Solequellen Linderung und Heilung zu erfahren. In der Tat haben wir mit der Sole auch eine neue Ebene der »Salztherapie« erreicht. Haben wir Salz bislang von der energetischen, informativen, sprich ausgleichenden, neutralisierenden und zuletzt auch noch von seiner genüsslichen Seite als Lebensmittel kennengelernt, so wenden wir uns jetzt darüber hinaus den feinstofflichen Eigenschaften im Organismus zu.

Mit der Sole als Heilmittel haben wir eine sehr praktische und universelle Form der Salzanwendung. Praktischerweise wenden wir Sole teelöffelweise an, doch eigentlich genügte oft schon ein Tropfen: Ein Tropfen Sole aus hochwertigem Kristallsalz zählt durch seinen Preis von unter einem Cent zu den günstigsten Heilmitteln, die wir kennen.

Die Sole-Trinkkur

Wasser + Salz = Sole
Rein optisch unterscheidet sich ein Bergkristall kaum von einem klaren Salzkristall. Beide sind geruchlos und fühlen sich ähnlich an. Legt man sie jedoch in Wasser und holt sie nach etwa zehn Minuten wieder heraus, stellt man beim Bergkristall nicht die geringste Veränderung fest, während der Salzkristall schon einiges an Größe und seine scharfen Kanten verloren hat, da diese vom Wasser aufgelöst wurden. Die molekulare Struktur des Bergkristalls garantiert, dass er auch in Verbindung mit Wasser bleibt, was er ist.

Kann Sole schädlich sein?

Viele kritische Stimmen behaupten, dass der ständige Konsum von Sole gesundheitsschädlich sein könnte. Sie glauben, dass der Genuss von zu viel Salz für einige Erkrankungen verantwortlich sein könnte. Bluthochdruck, Herz- und Nierenerkrankungen, erhöhtes Risiko für einen Schlaganfall und Osteoporose werden häufig in einem Atemzug mit zu viel Salzgenuss genannt. Patienten, die Entwässerungstabletten nehmen, sollten nach Ansicht der Schulmedizin am besten ganz auf Salz und Sole verzichten. Naturheilkundige empfehlen häufig das Gegenteil: Verzichten Sie auf die Entwässerungstabletten, nehmen Sie regelmäßig fein dosierte Mengen an Sole und trinken Sie täglich rund 3 Liter hochwertiges (Quell)-Wasser. Und vor allem: Verbannen Sie raffiniertes Salz aus Ihrer Küche! Denn der übermäßige Verzehr von raffiniertem Salz, also Natriumchlorid, kann tatsächlich gesundheitsschädlich sein!

Beim Salzkristall ist das anders: Salz und Wasser ergeben zusammen nämlich etwas vollkommen Neues, die Sole. Sole ist weder Wasser noch Salz, sie stellt eine energetisch höhere Dimension von beidem dar, Liebhaber sprechen auch vom flüssigen Gold. Lässt man Sole verdunsten, bekommt man wieder Salz. Diese Wandlungsfähigkeit von Salz sorgt schließlich dafür, dass Salz im menschlichen Körper nicht wie alle anderen Stoffe einem Stoffwechsel unterliegt. Nur Salz und Wasser können in ihrer ursprünglichen Form vom Körper verwendet werden. Alle anderen Lebensmittel müssen in kleinere Bestandteile aufgespalten werden, damit sie für den Körper zellverfügbar gemacht werden können.

Eine Sole-Trinkkur ist jedoch nicht für jeden ohne weiteres geeignet – viele Menschen mögen den puren Salzgeschmack nicht. Ich nehme z.B. jeden Morgen einen Löffel voll Sole in den Mund und behalte sie dort für einige Sekunden. Dann schlucke ich sie und trinke ein Glas Wasser hinterher. Ich verspüre eine intensivere Wirkung, wenn sich die konzentrierte Solelösung langsam im Mund entfaltet. Aber Vorsicht, denn in konzentriertem Zustand kann die Sole doch sehr aggressiv zu den Atmungsorganen sein. Sanfter: Nehmen Sie einen Teelöffel Sole und geben ihn in 30 bis 50 Deziliter (die dreißig bis fünfzigfache Menge) Wasser – je nach Geschmack. Nun können Sie die verdünnte Sole schlückchenweise oder auf ein-

Tabelle für Solevoll- und Teilbäder

1 kg	Kristallsalz 100 Liter Wasser entspricht	1%iger Sole
10 g	Kristallsalz 1 Liter Wasser entspricht	1%iger Sole
2 kg	Kristallsalz 100 Liter Wasser entspricht	2%iger Sole
20 g	Kristallsalz 1 Liter Wasser entspricht	2%iger Sole
2,5 kg	Kristallsalz 50 Liter Wasser entspricht	5%iger Sole
25 g	Kristallsalz 0,5 Liter Wasser entspricht	5%iger Sole
4 kg	Kristallsalz 50 Liter Wasser entspricht	8%iger Sole
40 g	Kristallsalz 0,5 Liter Wasser entspricht	8%iger Sole
1 kg	Kristallsalz 10 Liter Wasser entspricht	10%iger Sole
10 g	Kristallsalz 0,1 Liter Wasser entspricht	10%iger Sole

Bei Soleteilbädern ist eine höhere Solekonzentration leichter verträglich

mal austrinken. Denken Sie dabei immer daran, auch über den ganzen Tag verteilt viel und oft Wasser zu trinken. Das unterstützt die Wirkung der Sole um ein Vielfaches.

Die Sole-Trinkkur kann entweder über die Dauer von 21 oder 90 Tagen angewendet werden. Viele Menschen haben das Soletrinken aber auch in ihren täglichen Ernährungsplan mit aufgenommen. Ich trinke seit mehr als fünf Jahren regelmäßig Sole und fühle mich so gut wie noch nie zuvor.

Augenbäder mit 1%iger Solelösung sind wohltuend für die Augen und sie erhalten das Sehvermögen

Soleanwendungen: So bereiten Sie Solespülungen vor

Für alle Soleanwendungen, die als Spülungen vorgenommen werden sollen, benötigen Sie eine 1%ige Solelösung. Dazu nehmen Sie entweder 1 Gramm Salz und 100 Milliliter Wasser (10 Gramm 1 Liter) oder Sie nehmen 1 Milliliter gesättigte Sole und 100 Milliliter Quellwasser. Also in jedem Fall ein Mischungsverhältnis von 1 zu 100.

Augenspülung

Spülungen mit einer 1%igen Solelösung können bei Augenproblemen helfen; die Indikationen reichen von Fehlsichtigkeit bis Bindehautentzündung. Und so wird's gemacht: Besorgen Sie sich eine Augenbadewanne aus Glas (siehe Anhang). Füllen Sie sie mit 1%iger Solelösung bis knapp unter den Rand. Halten Sie die Augenbadewanne im Abstand von etwa 15 Zentimeter vor sich. Jetzt mit dem Kopf so weit nach vorne beugen, bis das linke Auge die Augenbadewanne passend umschlossen hat. Nun den Kopf nach hinten beugen und die Wanne aufs Auge gedrückt halten und nach oben blicken. Das geöffnete Auge rollen und ab und zu

schließen. Anwendungsdauer: mindestens eine Minute. Erneuern Sie nun die Solelösung und wiederholen diesen Vorgang mit dem anderen Auge.

Tipp: Ein Handtuch um den Hals ist nützlich – gerade bei den ersten Versuchen wird es manchmal rundherum doch recht nass!

Mundhygiene

Zur Mundhygiene, gegen Mundgeruch und gegen Mundschleimhautentzündungen eignet sich eine 1%ige Solespülung. Einen kräftigen Schluck der Sole in den Mund nehmen und gründlich spülen. Den Vorgang können Sie mehrere Male wiederholen. Wer ganz gründlich vorgehen möchte, kann zusätzlich auch noch einen Zungenreiniger zur Mundhygiene verwenden. Wer es verträgt, kann eine konzentrierte Solelösung einer verdünnten vorziehen. Das Mischungsverhältnis können Sie nach Belieben verändern. Die Mundspülung eignet sich auch bestens bei Lippenherpes. In diesem Fall kann die konzentrierte Solelösung auch direkt mit einem Wattetupfer oder einer Pipette auf die Bläschen aufgetragen werden. Vorsicht aber vor allem bei der Anwendung mit Kindern: Die Sole kann anfangs stark brennen, insbesondere wenn die Bläschen offen sind.

Sole-Gurgellösung

Eine 1%ige Solelösung eignet sich bestens zum Gurgeln. Ideal bei Schleimhautentzündungen im Mund- und Halsbereich und bei Hals- und Rachenschmerzen.

Zahnputzmittel

Konzentrierte Solelösung eignet sich hervorragend zur Zahnhygiene: Mit Sole können Sie Zahnstein und Karies erfolgreich vorbeugen. Ebenso werden die Zähne durch die Anwendung von Salz wieder weißer. Wer auf den Geschmack der gewohnten Zahnpasta nicht verzichten will, kann Sole zusätzlich zur Zahnpasta verwenden, indem er die Zahnbürste vorher in Sole eintaucht.

Nasenspülung

Nasennebenhöhlenentzündung oder Schnupfen können mit der Sole-Nasenspülung gelindert werden. Hierzu benötigen Sie eine Nasendusche, vorzugsweise aus Glas. Auch hier verwenden wir eine 1%ige Solelösung, damit es zu keinem Brennen oder zu Reizungen auf den Schleimhäuten kommt.

Nehmen Sie die Nasendusche und geben Sie etwa 100 Milliliter 1%ige Solelösung hinein. Achten Sie darauf, dass die Solelösung ungefähr Körpertemperatur hat. Suchen Sie sich einen passenden Platz, idealerweise über dem Waschbecken. Halten Sie mit einem Finger die obere Öffnung der Nasendusche geschlossen. Beugen Sie sich nun über das Waschbecken und halten

Eine Nasenspülung ist wesentlich angenehmer als man zunächst vermuten möchte. Sie wirkt entzündungshemmend und hilft bei ausgetrockneten Nasenschleimhäuten.

die Nasendusche an ein Nasenloch. Schließen Sie den Mund und nehmen Sie den Finger von der oberen Öffnung. Beugen Sie jetzt den Kopf auf die Seite, dessen Nasenloch Sie gerade nicht behandeln (beim rechten Nasenloch beugen Sie den Kopf also nach links). Jetzt fließt die Sole langsam durch die Nase und tritt auf der anderen Seite wieder aus.

Wenn das Gefäß leer ist füllen Sie es wieder auf und wiederholen den gleichen Vorgang mit dem anderen Nasenloch. Anschließend halten Sie sich abwechselnd das linke und dann das rechte Nasenloch zu und blasen die restliche Solelösung sanft heraus. Wiederholen Sie diesen Vorgang, bis die Nase wirklich trocken ist. Dieser Vorgang ist ganz wichtig und sollte nicht zu früh abgebrochen und auch nicht zu heftig ausgeführt werden.

Nasenspray

Wer Probleme mit der Nasenspülung hat oder zusätzlich eine mobile Lösung braucht, kann auch auf eine andere Methode zurückgreifen – die Solelösung als Spray. Hierzu besorgen Sie sich ein Pumpspray (siehe Anhang) oder Sie reaktivieren ein eventuell vorhandenes ausgedientes Nasenspray. Den Verschluss kann man mit etwas Kraftaufwand und Geschick gut vom Fläschchen abnehmen. Gut reinigen und dann mit 1%iger Solelösung füllen. Nun können Sie nach Bedarf die Sole als Nasenspray verwenden. Das eignet sich besonders bei Nasenschleimhautentzündung, Schnupfen, starker Borkenbildung oder ausgetrockneter Schleimhaut. Das Spray erzeugt ein feuchtes Schleimhautmilieu und verhindert die weitere Ausbreitung von eventuell vorhandenen Bakterien.

Soleinhalation

Moderne Sole-Inhalatoren z.B. der Bel Air Inhalator verdampfen die Inhalationslösung ohne Erwärmung. Inhaliert wird also die feuchte salzhaltige Luft. Die Inhalation eignet sich ebenso wie die Spülungen bei Nasennebenhöhlen- oder Schleimhautentzündungen. Sie können eine isotonische 1%ige Solelösung oder eine hypertonische 10%ige Solelösung in den Inhalator geben und dann für die Dauer von etwa 10 Minuten einatmen. Aber Vorsicht! Diese Anwendung kann bei empfindlichen Menschen Atemnot hervorrufen. Brechen Sie die Inhalation daher bei den ersten Anzeichen von Husten oder Atemnot sofort ab! Zur Inhalation nehmen Sie spezielles Wasser zu Injektionszwecken, das Sie in der Apotheke bekommen. Wer eine Umkehrosmoseanlage in Betrieb oder destilliertes Wasser hat, kann dies ebenfalls verwenden.

Salzatmer

Alternativ oder ergänzend für unterwegs gibt es seit kurzem auch einen Keramik-Soleatmer. Bei diesem Gerät ist das Kristallsalz zwischen hochwertigen Keramikfiltern eingebettet. Der Salzatmer gibt bei der Anwendung kleinste Salzpartikel frei, die ihre therapeutische Wirkung in den Atmungsorganen

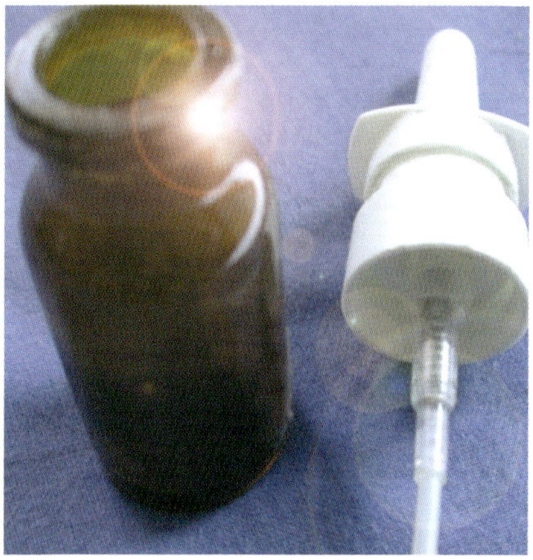

Mit einem beliebigen Pumpdosierspender und einer 1%igen Solelösung können Sie sich selbst ein wirksames Nasenspray herstellen

Der Inhalator kann auch von Kindern verwendet werden. Soleinhalationen helfen bei Entzündungen im Nasen-Rachenraum.

entfalten können. Eine praktische begleitende Maßnahme bei Asthma oder Infektionskrankheiten der Atemwege.

Der Keramik-Salzatmer ist ideal für Unterwegs und für den Einsatz zwischendurch

Darmspülung

Für eine einfache Darmspülung benötigen Sie entweder ein Klistier oder einen so genannten Irrigator. Ein Einlauf ist zur generellen Darmreinigung sehr zu empfehlen, denn in den Darmzotten können sich viele Giftstoffe und auch Pilze ablagern, die Auslöser für verschiedene Befindlichkeitsstörungen und Erkrankungen sein können. Aber auch durch nicht vollständig verdaute Speisereste können Gärgase oder alkoholische Gase entstehen, die Kopfschmerzen, Benommenheit oder Müdigkeit auslösen können.

Die Darmspülung führt man am besten mit 1%iger Kristallsalzsole durch. Dazu auf die linke Körperhälfte legen, so kann die Sole leicht in den Darm eindringen. Lassen Sie die Sole langsam und behutsam in den Darm einlaufen, wie es Ihnen noch angenehm ist. Wenn Sie genügend Flüssigkeit im Darm haben, langsam auf die rechte Körperseite drehen und nach einigen Minuten auf den Rücken. So kann sich die Sole gut im Dickdarm verteilen. Nach ungefähr zehn Minuten (kann auch früher sein) auf die Toilette gehen und den Darm entleeren.

Wer erst kürzlich eine Darmoperation hinter sich hatte, an einer Darmerkrankung, starken Hämorrhoiden, schwerer Nierenerkrankung oder Herzstörung leidet, und auch schwangere Frauen, sollten keinen Einlauf machen oder vorher den behandelnden Arzt oder Heilpraktiker befragen.

Salzbad

Das Solebad ist eine wahre Wohltat: Bei Natursole handelt es sich förmlich um ein messbares Energiemeer, welches unseren Körper positiv beeinflussen kann. Insbesondere sind folgende Natursalzanwendungen im

Rahmen einer therapeutischen Kur bekannt und empfehlenswert: Das Solebad hilft bei Hauterkrankungen (Psoriasis, Neurodermitis, Akne, irritierte Hautverhältnisse), bei Rheuma und Gelenkerkrankungen, zur Rekonvaleszenz nach Operationen, bei Frauenerkrankungen und bei infektanfälligen Kindern sowie zur Stärkung des Immunsystems und zur Entschlackung des Körpers.

Nicht geeignet ist das Solebad bei einer akuten rheumatischen Erkrankung oder bei Fieber. Wer unter Herz-Kreislaufproblemen leidet, sollte besondere Vorsicht walten lassen und vor der Anwendung den Arzt/Heilpraktiker befragen.

Wenn Sie die heilenden Eigenschaften des Solebads voll ausschöpfen möchten, sollte das Solebad mindestens eine Konzentration von einem Prozent Salzgehalt aufweisen. Das entspricht rund 1 kg Salz pro Vollbad. Je höher die Konzentration der Sole, desto größer die Wirkung: Durch den osmotischen Druck scheidet der Körper über die Hautporen Säuren aus und die basischen Mineralstoffe dringen in Form von Ionen in die Haut ein. Osmotische und ionale Reize fördern das natürliche Zellwachstum und bewirken eine tief greifende Änderung im Zellstoffwechsel. Beim Solebad kommt es zudem zu resonanten Wirkungen zwischen Organen und der Schwingungsfrequenz der Natursole, was den natürlichen Regelmechanismus, die so genannte Homöostase, aktiviert: Das Gleichgewicht physiologischer Körperfunktionen wird wiederhergestellt.

Ein Solevollbad hilft bei Hauterkrankungen und es trägt zur Stärkung des Immunsystems bei

Die Wassertemperatur sollte bei einem Solebad nach Möglichkeit konstant um die 36 bis 37 Grad Celsius (Körpertemperatur) gehalten werden. Idealerweise lösen Sie das Salz schon vorher in der Wanne oder einem Eimer auf. Verzichten Sie auf weitere Badezusätze wie Öle, Seifen oder Schaumbäder. Die Badedauer sollte etwa 20 Minuten betragen. Leichtes Abbürsten der Haut (herzfern beginnen und immer Richtung Herz streichen) mit Luffa oder weichen Naturbürsten steigert die Wirkung des Salzbades. Nach dem Bad lassen Sie das Wasser an Ihrem Körper nach Möglichkeit verdunsten – keine Creme auftragen.

Das Solevollbad kann den Kreislauf belasten, denn es ist für unseren Körper eine relativ »anstrengende« Form der äußerlichen Solebehandlung, weil umfangreiche Selbstheilungsprozesse eingeleitet werden. Hüllen Sie sich daher nach dem Bad in einen warmen Bademantel und Decken und legen Sie sich entspannt für 30 Minuten zur Ruhe.

Mit einem Solebadsprudler kann man das Badevergnügen zusätzlich aufwerten

Solebadsprudler

Wer aus seinem Solebad ein Wellnessvergnügen der besonderen Art machen will, kann mit einem Solebadsprudler das Badevergnügen um ein Vielfaches aufwerten. In entsprechenden Fachgeschäften (siehe Anhang) gibt es einfach zu installierende »Sprudelmatten«, die wie eine Gymnastikmatte einfach in die Badewanne gelegt werden können. Saugnäpfe sorgen für einen sicheren Halt und die vorgeheizten Bläschen kommen aus einem wasserdichten und spritzgeschützen externen Gebläse.

Soleteilbäder

Personen, die aus verschiedenen Gründen keine Solevollbäder nehmen können, haben die Möglichkeit auf Teilbäder auszuweichen. Sie sind ebenfalls sehr wirksam, aber wesentlich schonender für den Gesamtorganismus. Bei allen Teilbädern gehen Sie genauso vor wie beim Vollbad. Allerdings benötigen Sie dazu weniger Wasser und weniger Natursalz. Lösen Sie die nötige Menge Natursalz (1 bis 10%ige Solemischung) in einem Eimer mit warmem Wasser (36 bis 37 Grad Celsius) auf.

Absolut konkurrenzlos in puncto Gesundheit ist das unbeschwerte Bad im Meer

Solesitzbad

Ein Sitzbad eignet sich gut bei Blasen-, Nieren- oder Genitalbeschwerden. Beim Sitzbad gehen Sie genauso vor wie beim Vollbad: Lösen Sie die nötige Menge Natursalz (siehe Tabelle) in einem zehn Liter Eimer mit heißem Wasser auf. Geben Sie die Solelösung und weiteres Wasser in die Badewanne so dass Gesäß und Genitalbereich unter Wasser sind. Die Temperatur sollte bei 37 Grad Celsius liegen. Nach dem Bad nicht abtrocknen. Bademantel überziehen und eine 30-minütige Ruhezeit einhalten.

Solefußbad

Das Solefußbad eignet sich bei Fußpilz, kalten Füßen, Nieren- und Blasenbeschwerden oder einfach als gute Einschlafhilfe. Die Entgiftungsfunktion kommt auch beim Fußbad zum Tragen – in der Naturheilkunde bezeichnet man die Füße auch als dritte Hilfsniere. Verwenden Sie für das Fußbad eine kleine Wanne oder einen Eimer. Hier empfiehlt es sich, eine etwas höhere Solekonzentration (ab zwei Prozent) zu verwenden. Das Fußbad sollte nicht länger als 20 Minuten dauern und die Wassertemperatur sollte 37 Grad Celsius nicht unterschreiten – hin und wieder etwas heißes Wasser nachgießen. Danach die Füße nicht abtrocknen, in ein Badehandtuch wickeln und

Eine Wanderung barfuß durchs Meer ist mindestens so effektiv wie ein Fußbad

warm halten und etwas nachruhen. Idealerweise nehmen Sie das Fußbad kurz vor dem Zu-Bett-Gehen.

Solearmbad/-handbad

Beim Arm- und/oder Handbad benötigen Sie eine kleine Wanne, sodass Sie Ihre Arme bequem darin untertauchen können. Diese Anwendung eignet sich vor allem bei Gelenkerkrankungen und Hautproblemen. Füllen Sie die Wanne mit warmem Wasser, geben die entsprechende Menge Natursalz (siehe Tabelle) dazu und achten Sie auf die Temperatur von 37 Grad Celsius. Auch hier bitte nicht abtrocknen, sondern die Solelösung auf der Haut antrocknen lassen. Bei dieser Anwendung darf die Solelösung bis zu acht Prozent betragen.

Duschen mit Kristallsalz

Beim Duschen mit Natursalz haben wir nicht die tief greifende Wirkung wie beim Bad. Hier kommt es in erster Linie zu einer gründlichen Reinigung der Haut und wir lernen die belebenden und erfrischenden Aspekte der Kristallsalzanwendung kennen. Für das Duscherlebnis mit Kristallsalz gehen Sie folgendermaßen vor: Duschen Sie wie gewohnt mit warmem Wasser. Nehmen Sie etwa eine Tasse voll Salzgranulat mit in die Dusche. Nachdem Ihr Körper warm und geschmeidig ist, können Sie die Dusche abschalten und sich mit dem Kristallsalzgranulat von oben nach unten einreiben. Achten Sie darauf, dass Sie nicht in den Genitalbereich kommen und ebenso nicht an offene Wunden oder in die Augen – das könnte ziemlich brennen. Massieren Sie nun das Salz langsam und sanft auf der Haut. Nach etwa 2 bis 5 Minuten (ganz wie es Ihnen angenehm ist) können Sie das Salz wieder abduschen. Wer mag, kann das Ganze noch durch eine Warm-Kalt-Wechseldusche abrunden. Ihre Haut fühlt sich nun samtweich an.

Saunen mit Kristallsalz

In einigen Badeanstalten wie z.B. der Therme in Erding gibt es spezielle Sauna-Angebote mit Salzpeeling. Wer selbst eine Sauna zu Hause hat, kann das Natursalz nach dem ersten Saunagang auf die schweißnasse Haut auftragen. Auch hier gilt wie beim Duschen, achten Sie darauf, dass Sie nicht in den Genitalbereich kommen, kein Salz in offene Wunden streuen und das Salz auch nicht auf der Stirn verreiben, da es durch den Schweiß beim nächsten Saunagang in die Augen gelangen würde.

Massieren Sie das Salz langsam und sanft in die Haut. Durch das ständige Verreiben des Salzes werden abgestorbene Hautschüppchen entfernt und die Durchblutung der obe-

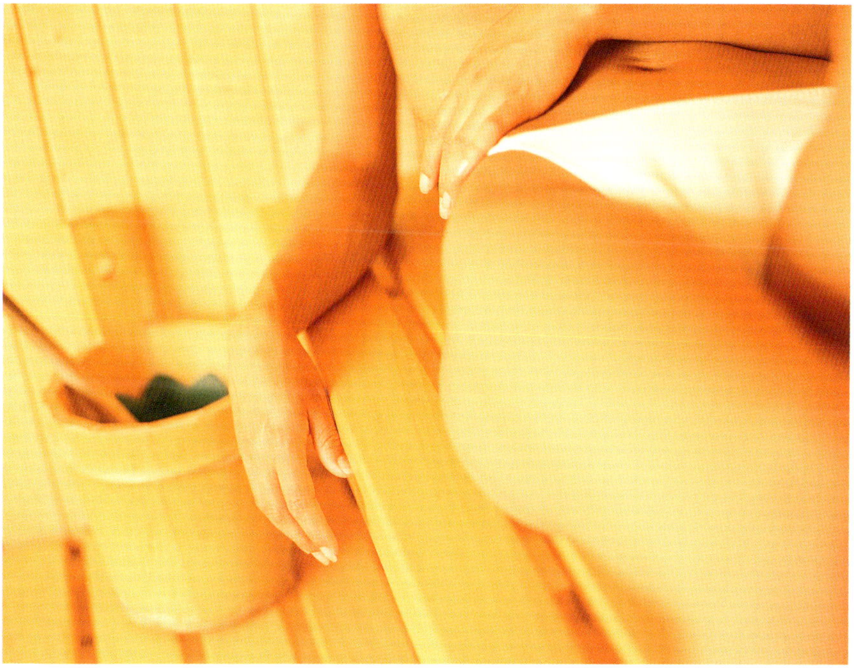

Wellness vom Feinsten: saunen mit vorheriger Kristallsalz-Einreibung

ren Hautschicht aktiviert. Das Salz entzieht der oberen Hautschicht Wasser, das bedeutet, es hat eine entschlackende Wirkung. Dieses Wasser sollte dem Körper durch viel Wassertrinken wieder zugeführt werden. Gehen Sie dann zurück in die Sauna und machen einen klei-

Nach Einreibungen mit Saunasalz fühlt sich Ihre Haut samtig und weich an

nen Aufguss. Nach etwa drei bis fünf Minuten sollten Sie die Sauna wieder verlassen. Duschen Sie sich jetzt nicht ab, sondern belassen Sie das Salz noch etwa 30 bis 45 Minuten auf der Haut. Zum Duschen dann nur Wasser benutzen und keine Duschgels oder Shampoos.

Sole-Einreibungen

Bei Hauterkrankungen wie Herpes, Hautpilz, Ekzemen, Schwellungen, bei Insektenstichen oder Prellungen kann die äußerliche Anwendung von Sole sehr hilfreich sein. Ebenso hilfreich können Sole Einreibungen bei Schmerzen und Verletzungen der Weichteile und Gelenke und zur Entsäuerung sein. Die Solekonzentration hängt hier von der Art der Beschwerden ab. Im Allgemeinen gilt, je tiefer die Ursache verwurzelt ist, desto höher sollte die Konzentration der Sole sein. Bei offenen Wunden empfiehlt es sich eine 1%ige Solelösung zu verwenden. Alle anderen Beschwerden können Sie mit höherprozentigen Lösungen, bis hin zur gesättigten Solelösung, behandeln. Der Einsatz einer reinen Solelösung ist beispielsweise bei Insektenstichen angezeigt. Bei allen Anwendungen gilt: Die Sole auf die zu behandelnde Stelle aufträufeln und leicht mit den Fingern einmassieren. An der Luft trocknen lassen.

Sole-Umschläge

Die Anwendung von Sole-Umschlägen bietet sich vor allem zur lokalen Entgiftung oder Entsäuerung des Gewebes an. Umschläge können aber auch bei Gelenkschmerzen,

Hauterkrankungen, Schwellungen, Entzündungen und Hämatomen eingesetzt werden. Der kalte Sole-Wadenwickel eignet sich bei sehr hohem Fieber.

Wie bei allen Soleanwendungen gilt natürlich auch hier, dass bei offenen Stellen lediglich eine 1%ige Solelösung verwendet werden sollte (siehe Tabelle). Für einen Umschlag nehmen Sie ein Baumwoll- oder besser Leinentuch, tauchen es in die Sole und legen es auf die entsprechende Stelle auf.

Salzhemd

Das Salzhemd kann man mit einer »Minisauna zum Anziehen« vergleichen. Bereits Pfarrer Kneipp empfahl den »spanischen Mantel«, der die Vorstufe zum Salzhemd ist. Das Salzhemd ist ideal zur Entgiftung und es aktiviert den Stoffwechsel. Darüber hinaus eignet es sich bei grippalen Infekten und/oder hohem Fieber, wenn ein Solebad nicht genommen werden kann. Und so gehen Sie vor: Tauchen Sie ein T-Shirt oder ein Hemd (Baumwolle, besser Leinen) in ca. 1 Liter 5%ige lauwarme Sole. Wringen Sie das Hemd so stark aus, dass es gerade nicht mehr tropft. Anschließend ziehen Sie es an, wickeln ein großes trockenes Handtuch um sich herum oder ziehen einen dicken warmen Wollpulli an. Dann legen Sie eine weitere Decke um sich herum, um sich warm zu halten. Nach einer halben Stunde schwitzen könnten Sie das Hemd bereits ausziehen. Sie können es aber auch über Nacht anbehalten.

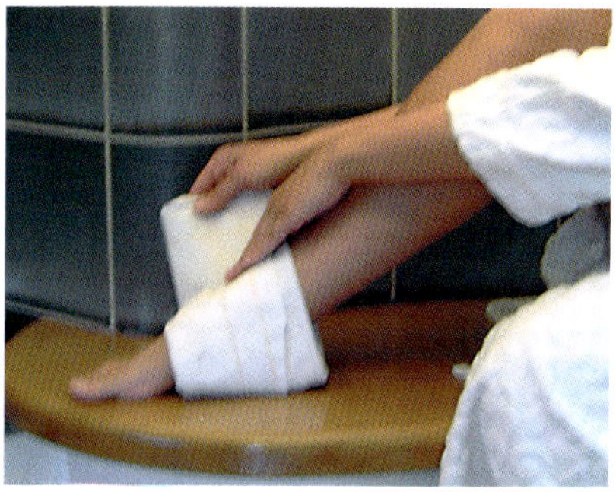

Soleumschläge helfen bei Gelenkschmerzen, Schwellungen und Entzündungen

Wenn Sie das Hemd ausziehen, sollten Sie den Oberkörper abwaschen oder Duschen.

Salzsocken

Die Salzsocken funktionieren ähnlich wie das Salzhemd. Besonders bewährt haben sie sich bei chronisch kalten Füßen, Gicht oder zur allgemeinen Entschlackung. Tauchen Sie ein Paar saubere Baumwollsocken in eine fünfprozentige Solelösung (siehe Tabelle). Wringen Sie die Socken aus und ziehen Sie diese an. Nehmen Sie ein größeres und dickeres Paar Socken und ziehen diese darüber an. Anschließend wickeln Sie ein trockenes Handtuch um die Füße. Lassen Sie das Ganze mindestens 30 Minuten wirken. Wenn Sie möchten, können Sie die Salzsocken auch über Nacht anbehalten.

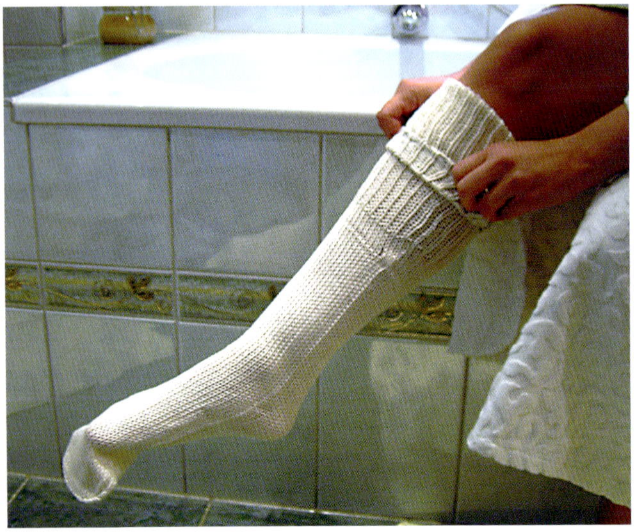

Bei chronisch kalten Füßen oder Gicht kann die Anwendung von Salzsocken Linderung bringen

Natursalz-Auflagen

Die Salzauflage hilft, wo Wärme gut tut. Die neutralisierende energetische Wirkung von Kristallsalz kann diese Wirkung zusätzlich verstärken. So eignet sich das heiße Salzsäckchen besonders bei Muskelverspannungen, Wirbelsäulenbeschwerden oder anderen degenerativen Gelenkschmerzen. Gehen Sie wie folgt vor: Besorgen Sie sich ein Leinen-Kristallsalzsäckchen. Sie können natürlich auch ein eigenes Säckchen anfertigen, indem Sie die Salzsteine oder das Salzgranulat in ein entsprechendes Leinensäckchen geben. Erwärmen Sie dieses im Backofen bei 50 bis 70 Grad. Nach etwa 10 Minuten hat das Salz die richtige Temperatur erreicht. Jetzt können Sie das heiße Salzsäckchen (etwa 40 Grad Celsius) für die Dauer von 15 bis 20 Minuten auf die schmerzhafte Stelle auflegen. Wenn es zu heiß sein sollte, können Sie es in ein Tuch einwickeln. Die Wärme entfaltet sich dann langsamer.

Einreibung, Öl- und Salzpeeling

Eine Mischung aus Salz und Öl kann zur allgemeinen Reinigung der Haut angewendet werden. Mit dem Salz-Öl-Gemisch lässt sich der Körper aber auch von Schlacken und Giften reinigen, wie man das sonst nur vom Heilfasten her kennt. Diese spezielle Mischung gibt es bereits gebrauchsfertig zu kaufen, oder Sie stellen Sie selbst her: Die Mischung besteht zur Hälfte aus Kristallsalz, zu 45 Prozent aus einem kalt gepressten Öl Ihrer Wahl (Jojoba-, Nuss-, Mandel-, Olivenöl etc.) und einigen Tropfen naturreinen ätherischen Ölen (z.B. Lavendel, Rosmarin, Melisse). Die Zutaten geben Sie in der genannten Reihenfolge in ein Porzellan- oder Glasgefäß. Dann verrühren Sie das Ganze einige Minuten. Die so gewonnene Emulsion können Sie nun nach Belieben auf den Körper auftragen. Die Mischung bleibt in einem verschließbaren Glasgefäß über einen längeren Zeitraum haltbar.

Nachdem Sie den Körper eingerieben haben, legen Sie sich zum Entspannen hin und achten Sie auf genügend Wärme, sodass sich die Poren der Haut nicht so schnell schließen: So kann Ihr Körper bestens alten Ballast loswerden und entschlacken. Zusätzlich lösen sich die oberen alten Hautschichten und Ihre Haut wird nach der Anwendung samtig weich und geschmeidig. Idealerweise lassen Sie das Peeling eine halbe Stunde bis 45 Minuten einwirken. Danach sollten Sie sich kurz mit Wasser abduschen und die Haut leicht abtrocknen (nicht rubbeln).

Soleschlick-Pelloid

Bei der Salzgewinnung in den Solekammern entsteht im Laufe der Zeit eine schlammige Ablagerung von Schwebeteilchen, die aus dem Salzgestein gelöst wurden und die sich auf dem Grund der Kammern ansammeln. Wenn nach einigen Jahr-

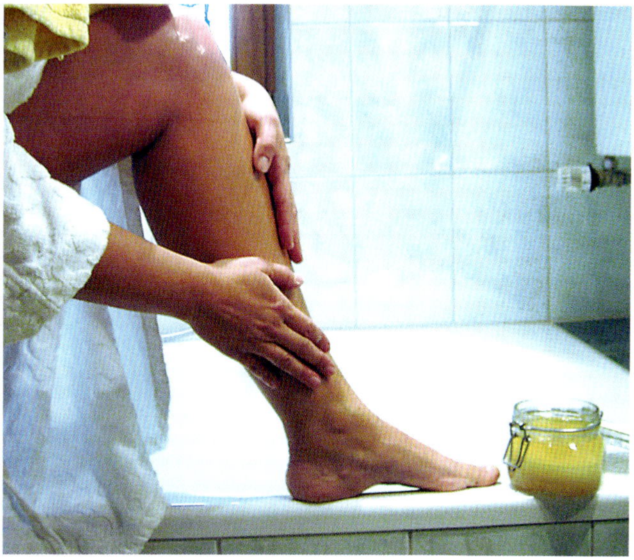

Mit dem Öl-Salz-peeling können Schlacken und Gifte über die Haut ausgeschieden werden

Wahre Schönheit kommt zwar von innen, aber äußerliche Anwendungen können diese bestens unterstützen

zehnten die Solekammer aufgelöst wird, bleibt eine dicke Schicht von diesem Schlamm zurück. Diese Ablagerungen enthalten die verschiedensten Mineralien.

Für die endgültige Aufbereitung als Soleschlick wird das gewonnene Material in einer Spezialmühle gemahlen. Im Anschluss daran wird der Schlick mit Kristallsalzsole zum Soleschlick vermischt.

Die Soleschlick-Maske wird hauptsächlich für kosmetische Zwecke verwendet

Soleschlick eignet sich vor allem für den kosmetischen Einsatz. Er regeneriert die Haut und reinigt sie porentief. Unreinheiten der Haut werden so wirksam beseitigt und sogar der Faltenbildung kann entgegengewirkt werden. Straffere Haut und ein frischer Teint sind die positiven Effekte.

Und so gehen Sie vor: Tragen Sie den Soleschlick einmal pro Woche im Gesicht auf. Hier kommt es nicht auf die Menge an, es reicht vollkommen aus, wenn Sie eine ganz dünne Schicht auftragen. Der Soleschlick wirkt auf die Haut wie ein »Wassersprenger«. Er hat eine hydratisierende Wirkung. Da der Schlick ganz fein ist, kann er gut in die Poren eindringen. Salz zieht die Flüssigkeit an und dadurch gelangt Gewebsflüssigkeit in die dehydrierten Zellen.

Lassen Sie dann den Soleschlick antrocknen. Nach 15 bis 20 Minuten können Sie das Gesicht mit Wasser waschen. Der Soleschlick löst sich problemlos.

Soleschlick-Umschlag

Neben der kosmetischen Anwendung lassen sich aus Soleschlick auch Umschläge bei vielerlei Beschwerden bereiten. Tragen Sie den Schlick auf die zu behandelnde Stelle dünn auf. Möchten Sie eine küh-

Warme oder kalte Umschläge?
Mit einer einfachen Übung finden Sie heraus, ob Ihnen Wärme oder Kälte gerade besser tut. Halten Sie auf die zu behandelnde Stelle einmal ein kaltes und dann ein warmes Tuch (es kann auch eine mit kaltem Wasser gekühlte Hand sein). Das, was sich besser anfühlt, wenden Sie an.
Wenn Sie sich nicht sicher sind, beachten Sie folgende Faustregel: Akute, gerötete, erwärmte oder entzündete Stellen benötigen Kälte. Chronisch, blasse, kalte Krankheitsherde brauchen Wärme.

Nehmen Sie nun das in Sole getauchte feuchte Tuch und wickeln es um die zu behandelnde Stelle. Anschließend ein Handtuch darübergeben. Am besten halten Sie während der gesamten Zeit Ruhe. Nach ein bis zwei Stunden können Sie den Wickel abnehmen und bei Bedarf wiederholen.

lende Wirkung erreichen, um z. B. eine Kniegelenksentzündung zu lindern, legen Sie einfach ein nasses kaltes Leinentuch über die eingeriebene Stelle. Lassen Sie den Umschlag etwa 20 bis 30 Minuten angelegt. Diese Anwendung können Sie bei Bedarf auch über Nacht machen.

Leinentücher eignen sich hervorragend für Soleschlick-Umschläge

Soleschlick-Tupfer

Gut bewährt bei Herpesbläschen: Nehmen Sie eine kleine Fingerspitze voll Soleschlick und decken Sie damit das Bläschen ab. Sie können aber auch einige Tropfen mit einem in reiner Sole getränkten Wattestäbchen auf das Herpesbläschen auftragen und über Nacht einwirken lassen.

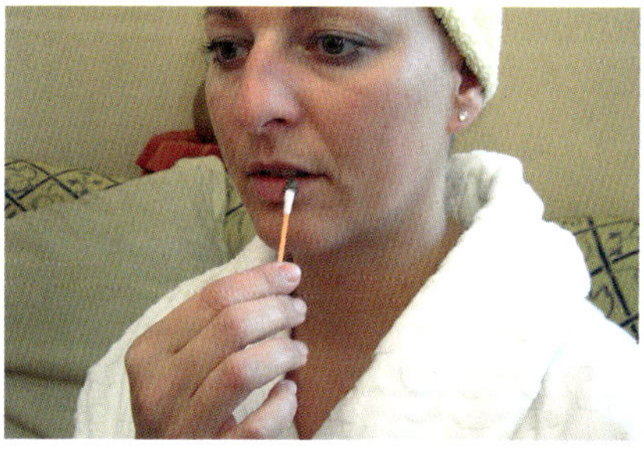

Soleschlick hilft bei Lippenherpes. Einfach mit dem Wattestäbchen auf die entzündete Stelle auftragen.

Sole-Ionisation

Wie wir weiter oben bereits sehen konnten, haben Salzkristalllampen die Fähigkeit, die Raumluft mit negativen Ionen zu verbessern (siehe Salzkristalllampe). Die Entwicklung ist auf diesem Gebiet gerade in den letzten Jahren enorm fortgeschritten. In letzter Zeit findet ein aus der Showbranche bekanntes Element, der Ultraschallvernebler, immer häufiger den Weg in die Büros und Wohnzimmer. Mit diesem Gerät kann man nicht nur Wasser, sondern auch Sole verdampfen lassen.

Die hohe Schwingungsfrequenz (Ultra-Schall) bricht die Wassermoleküle auf. In dem entstehenden Solenebel werden negative Ionen freigesetzt, und es wird so ein einzigartiges Schonklima geschaffen, denn die Luft wird gereinigt, da die positiv geladenen Staubpartikel an die frei gewordenen negativ geladenen Ionen gebunden werden. Solch ein Schonklima findet man sonst nur am Meer, in Salzheilstollen oder in Gradierwerken – das sind Anlagen aus Holz, mit denen früher Salz gewonnen wurde. Sole wird darüber gespritzt und man wartet, bis sie verdunstet. Diese Luft ist wie Meeresluft. Gradierwerke werden heute noch in vielen Kurorten genutzt, wo früher Salz abgebaut wurde.

Zwar kann man einen Ultraschall-Ionisator nicht mit einem Heilstollen gleichsetzen, dennoch geht auch von diesem Gerät eine ähnliche Wirkung aus. Die verdampfte Sole kann durchaus zu einer spürbaren Verbesserung von Atemwegserkrankungen wie z. B. Asthma, Bronchitis oder Heuschnupfen beitragen. Die Luft wird nachweislich rein und keimfrei. Reine und staubfreie Luft trägt wiederum zu einer merklichen Verbesserung des Raumklimas im Arbeits- und Wohnbereich bei.

Wichtig: Nicht alle Ultraschallvernebler sind soletauglich!
Fragen Sie Ihren Händler vorher, ob Sie dieses Gerät auch mit Sole betreiben können (normale Ultraschallvernebler geben sonst schnell den Geist auf). Außerdem: Lassen Sie den Vernebler nie trocken laufen, achten Sie immer auf genügend Flüssigkeit.

Für den Solevernebler sollten Sie am besten reines, mineral- und vor allem kalkarmes Wasser verwenden. Setzen Sie daher die Sole idealerweise mit destilliertem Wasser an. Die Solekonzentration sollte drei

Prozent nicht übersteigen. Der tägliche Betrieb von zwei bis drei Stunden ist absolut ausreichend.

Das Floatarium

Die Königsdisziplin der Soleanwendung ist sicherlich das Floatarium. Floaten ist nach heutigem Stand der Technik leider noch nicht für den täglichen Einsatz zu Hause geeignet. Der Platzbedarf und die Kosten (ca. 30 000 Euro) sprechen da noch dagegen. Zum Floaten benötigt man nämlich eine überdimensionale »Badewanne«, die idealerweise auch noch licht- und schalldicht ist. Das Floatarium ist quasi eine komplett von der Außenwelt abgeschnittene »Meditations- und Entspannungseinheit« wie sie ihresgleichen sucht. Die Wirkungen des Floatens auf den menschlichen Körper sind revoluti-

Sonne, Sand und Meer sind Garanten für wohltuende Entspannung

Dieses Floatarium nutzt zusätzlich die Kraft der Pyramide

onär. Das Floaten führt aufgrund der Isolierung von Umgebungsreizen in eine sehr tiefe Entspannung. In den vergangenen Jahrzehnten wurden die Auswirkungen des Floatens systematisch in den Bereichen Gesundheitsvorsorge, Medizin, Sportwissenschaft und Ausbildungswesen untersucht. In den Vereinigten Staaten und in Australien hat das Floaten bereits einen sehr hohen Stellenwert. Nicht zuletzt durch den Einsatz von Kristallsalz, und den damit in Verbindung stehenden Heilerfolgen, wird das Floaten auch in Europa immer beliebter.

So sieht man hierzulande den Schwerpunkt des Floatens vor allem im Stressabbau, bei der Behandlung chronischer Schmerzen, bei der Suchtentwöhnung und beim Superlearning. Das Floatarium ist mit einer gesättigten Solelösung gefüllt. Mehrere hundert Kilogramm Kristallsalz sind im Wasser gelöst. Der menschliche Körper wird von der Sole sicher getragen. Mühelos schwebt man auf der Oberfläche.

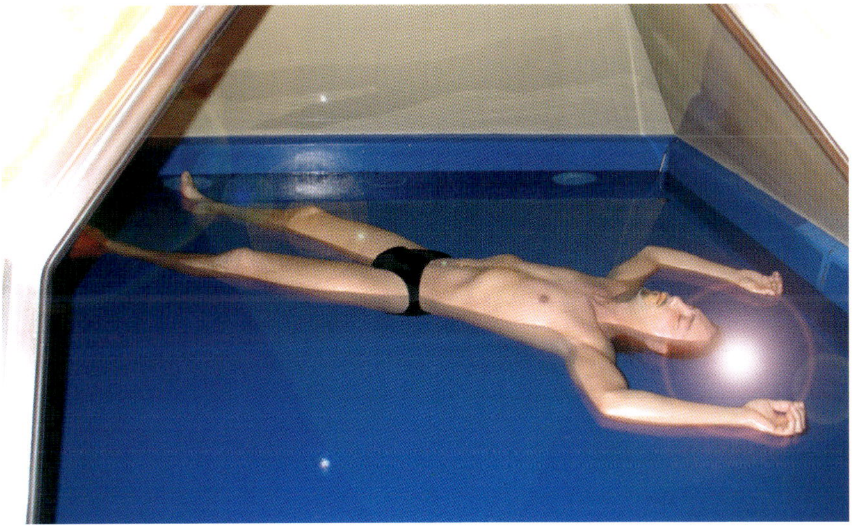

Absolut schwerelos liegt der Körper in der Kristallsalz-Sole

Die Schwerkraft ist praktisch aufgehoben und alle Muskeln können vollkommen entspannen. Nur Astronauten im Weltall kannten wohl bisher dieses Gefühl. Auf der Erde jedenfalls dürfte es keinen zweiten Ort geben, der einem die Last des eigenen Körpers so bedingungslos nimmt.

Ein angenehmes Ambiente wie hier im bayerischen Ozeanien macht das Floaten zum Erlebnis

Ursprünglich wurden Floatarien mit einer Bittersalzlösung (Magnesiumsulfat) betrieben. Dennoch ist die Verwendung von Kristallsalz auch heute noch eher die Ausnahme als die Regel. Zwar wird das Gefühl der Schwerelosigkeit mit Bittersalz genauso vermittelt, wie mit Kristallsalz, aber die Verwendung von Natursalzen bringt zusätzliche, ungeahnte Effekte zum Vorschein.

Floaten in Kristallsalz versetzt Menschen in einen geborgenen vorgeburtlichen Seins-Zustand. Hier lösen sich nicht nur die emotionalen Grenzen, sondern auch die körperlichen Grenzen weichen auf. Das natürliche Kristallsalz gibt die in kolloidaler Form gebundenen Mineralien und Spurenelemente an den Körper ab. Sie folgen ans Salz gebunden dem osmotischen Druck. So hat der Körper die Möglichkeit, die notwendige Aufnahme der natürlichen Antagonisten, wie Kalium, Magnesium und Kalzium über die Haut aufzunehmen.

Darüber hinaus bietet das Floatarium noch ein breites Wirkungsspektrum. Der Körper scheint sich in dieser schwerelosen Ruhe fast aufzulösen. Obwohl der Körper eine Entspannung erreicht, die tiefer ist als im Schlaf, bleibt der Geist im Floatarium dennoch wachsam. Die elektrische Gehirnaktivität nimmt stark ab. Sie sinkt von 20 bis 25 Hertz (Frequenzbereich im Wachzustand) auf acht bis vier Hertz. Im EEG ist das typische Wellenmuster des so genannten Theta-Zustands zu erkennen. In diesem halbbewussten Dämmerzustand werden kreative und inspirierte Gedankenprozesse aktiviert. Dementsprechend sind hier auch das Lernvermögen und die Fähigkeit zur Visualisierung am stärksten ausgeprägt.

Für die meisten Menschen ist der Theta-Zustand nahezu unerreichbar ohne dabei einzuschlafen. Theta-Wellen werden begleitet von lebendigen Erinnerungen, freien Assoziationen, plötzlichen Einsichten, kreativen Inspirationen und Gefühlen von Stille und Einheit mit dem Universum. Beim Floaten kommt man mühelos und auf angenehme Weise in diesen fast ungreifbaren Zustand und verweilt darin auch die meiste Zeit während des Floatens. Zeit und Raum scheinen nicht mehr zu existieren.

Endorphine (Glückshormone), die beim Floaten in großen Mengen produziert werden, lassen sich bis zu einer Woche lang im Blut nachweisen. Gerade für gestresste Menschen dürfte das Floatarium das Mittel der Wahl sein, um sich in einen lang anhaltenden Entspannungszustand zu bringen. Wer langfristige Erfolge erzielen möchte, sollte das Floaten zwei Mal wöchentlich über einige Wochen betreiben. Danach reicht es vollkommen aus, sich ein- oder zweimal im Monat dem Gefühl der Schwerelosigkeit hinzugeben.

Wasser

III. Wasser – essenzieller Baustein unserer gesamten Existenz

Wasser ist ein essenzieller Baustein unserer gesamten Existenz: Alles Leben entstand aus dem Wasser und besteht zum Großteil aus Wasser. Zum Überleben und für unsere Gesundheit benötigen wir täglich ausreichende Mengen des nassen Elements. Wasser nährt und reinigt unseren Körper, innerlich und äußerlich, aber auch unser Heim, unsere Stadt und unseren Planeten.

Von alters her steht Wasser auch als Symbol für das Seelische, Aufnehmende und Empfängliche. Wasser spiegelt die vollkommene Demut wider: Es sucht sich immer und überall den niedrigsten Punkt, wo es in Ruhe verweilen möchte. Es passt sich jeder Form an, es haftet an Gegenständen und es dringt tief in die Erde ein. Es dringt in die tiefste Dunkelheit, in Bereiche ein, die bisher kein Mensch jemals erblicken konnte. Wasser schreckt vor nichts zurück, es setzt sich mit den schmutzigsten und giftigsten Dingen auseinander und es löst und reinigt alles zum Wohle des Menschen, im Sinn des Lebens. Wasser bildet die Basis aller in der Natur vorkommenden Lösungen, ob Pflanzensäfte, Blut oder Lymphflüssigkeit. Unser Blut besteht zum Beispiel aus mehr als 90 Prozent Wasser. Selbst die Knochen bestehen noch zu 20 Prozent aus reinem Wasser. Je wichtiger die Organe, umso mehr Wasser scheint in ihnen enthalten zu sein: Besonders viel Wasser finden wir dementsprechend im Gehirn. Dieses besteht zu 70 Prozent aus Wasser. Und 99 Prozent aller Stoffwechselvorgänge im lebenden Organismus gehen im wässrigen Milieu vonstatten. Weit und breit gibt es kein anderes Lösungsmittel, das nur annähernd in der Lage wäre, so viele Stoffe zu lösen wie Wasser. Dennoch ist unser Wissen über das Wasser verhältnismäßig dünn, und so gibt es den Wissenschaftlern auch heute noch immer viele neue Rätsel auf.

Chemische Wunderwelt H_2O

Betrachten wir zu Beginn die chemischen Elemente von Wasser, H_2O: zwei Wasserstoffatome (H hydrogenium) und ein Sauerstoffatom (O oxygenium). Das Interessante am Wasserstoff ist, dass dieses Atom das am häufigsten vorkommende und das einfachste Atom im ganzen Universum ist. Es besteht aus einem Proton im Kern und einem einzelnen Elektron in der Hülle. Es ist das älteste Atom und man vermutet, dass es bereits kurz nach dem Urknall entstanden sein muss. Wasserstoffatome machen etwa 75 Prozent der gesamten Masse des Universums aus. Aufgrund ihrer einfachen Struktur sind sie sehr anpassungsfähig und es verwundert daher nicht, dass sie an 95 Prozent sämtlicher Molekülverbindungen im Universum beteiligt sind.

Im Wasserstoffatom finden wir den Urahn des Lebens. Weil es das älteste Atom seit Entstehung unseres Universums ist, könnte man im Wasserstoffatom auch das gesamte gespeicherte Wissen unseres Universums vermuten, also das Wissen über die Entstehung unserer Welt.

Kein Tropfen geht verloren
Wasser unterliegt einem ständigen Kreislauf. Unter dem Einfluss der Sonne verdunsten jährlich etwa 496 000 km^3 Wasser. Wasser wird aber nicht einfach verbraucht, sondern bleibt zumindest mengenmäßig in einem ewigen Wasserkreislauf erhalten. Zwei Drittel der Erdoberfläche, das sind etwa 360 000 000 km^2, sind von Wasser bedeckt. Schätzungsweise liegt die Gesamtmenge Wasser bei etwa 1,4 Milliarden km^3. Der Motor für den Wasserkreislauf ist die Sonnenstrahlung. Die Sonne bringt das Wasser über den Ozeanen und Seen zum Verdunsten. Der Wasserdampf steigt auf und es bilden sich Wolken, die schließlich als Regen, Hagel oder Schnee wieder auf die Erde niedergehen.

Aus dieser Perspektive betrachtet kann das Wassermolekül mit seinen zwei Wasserstoffatomen auf eine beträchtliche »Lebenserfahrung« zurückblicken.

Schwingung – der Tanz der Wassermoleküle

Man könnte fast meinen, dass Wassermoleküle ein sozial aktives Verhalten an den Tag legen – sie scheinen eine Vorliebe für Partnertausch und Gesellschaftsspiele zu haben: Die winzigen Moleküle schwirren scheinbar Händchen haltend hin und her. Benachbarte Einzelgänger fühlen sich sogleich ermuntert auch mitzumachen. Im Nu fasst jeder jeden an. Wissenschaftler sprechen hier von der so genannten »Clusterbildung« (engl. Bezeichnung für das Wort Klumpen). Doch lange bleibt so ein Cluster nicht bestehen. In Sekundenschnelle lösen die ersten Moleküle ihre Beziehung wieder auf, greifen nach den nächsten Partnern und bilden sofort wieder neue Cluster.

Was sind Moleküle?

Moleküle sind die chemischen Bausteine der Materie, die aus zwei oder mehreren Atomen bestehen und ein neues chemisches Element wie zum Beispiel Wasser bilden. Eigentlich sind sowohl Wasserstoff als auch Sauerstoff Gase. Erst aus der Verbindung dieser beiden Atome kommt Wasser zustande.

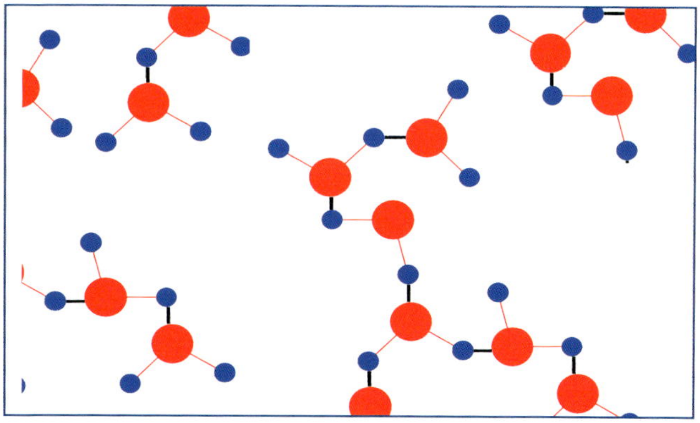

Wassermoleküle (Wasserstoff blau, Sauerstoff rot) verbinden sich zu Clustern. Dies geschieht aufgrund positiver und negativer Ladung.

Dass die Wissenschaft dem Wasser diese Geheimnisse entlocken konnte ist an sich schon ein Wunder. Denn Wassermoleküle sind echte Winzlinge. Für einen kleinen Tropfen Wasser benötigt man die unvorstellbare Menge von 10^{20} Molekülen, das sind 100 000 000 000 000 000 000 (hundert Trillionen) Moleküle.

Dem Geheimnis der Wassercluster auf der Spur

Aber damit nicht genug der Schwierigkeiten: Wasser hütet seine Clustergeheimnisse besser wie den heiligen Gral. Unter einem optischen Mikroskop sind die Cluster nicht zu erkennen. Um auch diese Geheimnisse annähernd zu lüften, benötigt man wirklich raffinierte Geräte, wie zum Beispiel Spektroskope, die elektromagnetische Strahlungen aufspüren oder Röntgen Diffraktometer, mit denen sich Interferenzphänomene nachweisen lassen, die durch Brechung des Röntgenlichts an den Kristallstrukturen verursacht wurden. Großrechner verschlucken sich immer wieder an der Berechnung dieser Modelle.

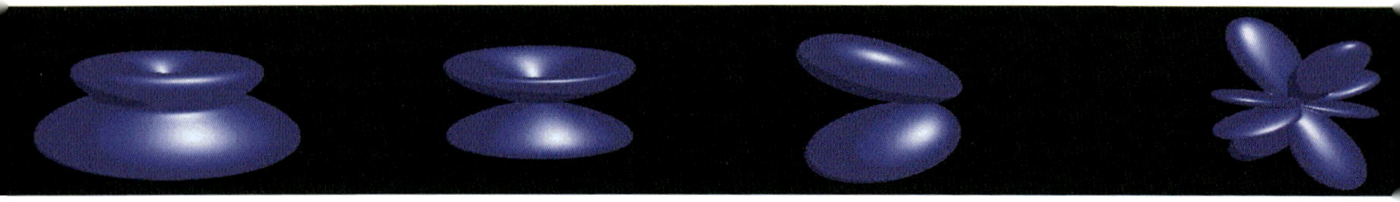

Manche Atome können Farben gut unterscheiden. Sie reflektieren nur eine Frequenz und bilden so bizarre Formen wie hier.

Die erfolgversprechendsten Methoden liefert jedoch die Mathematik. Mit Hilfe von Hochleistungscomputern versuchen Wissenschaftler quantenmechanische Clustermodelle zu entwickeln, mit deren Hilfe sie das Verhalten von Wassermolekülen simulieren wollen. Allerdings wird den Forschern auch hier das Leben schwer gemacht. Selbst die schnellsten und leistungsfähigsten Ken Jordan von der University of Pittsburgh war einer der ersten Wissenschaftler, der sich vor einigen Jahren mit gigantischen Supercomputern an diese Modelle heranwagte. Doch selbst diese extrem leistungsfähige Anlage erlaubte ihm zum damaligen Zeitpunkt lediglich die Simulation eines Modells mit maximal acht H_2O-Molekülen. Dennoch waren die Resultate hochin-

Daten und Fakten zum Wasser

Name:	Wasser, Wasserstoffoxid, H_2O
Molare Masse:	18,02 g/mol
Aussehen:	klare, farblose Flüssigkeit
Schmelzpunkt:	0° C
Siedepunk:	100° C *
Masse und Ausdehnung bei 4° C	1cm³ 1 Gramm
kritische Temperatur:	374° C
kritischer Druck:	221,29 bar
kritische Dichte	0,315
kritisches Molvolumen:	0,057 l/mol.

*Bemerkung: Die Celsius-Temperatur-Skala orientiert sich am Schmelz- und Siedepunkt des Wassers bei 1013 mbar.

teressant: Aufgrund der Computersimulation kam er zu dem Schluss, dass Wassercluster ganz spezifische Signale aussenden, die von der Bewegung der Einzelmoleküle abhängig sind. Er nahm an, dass Cluster kristallähnliche Strukturen bilden müssten und dass diese kristallinen Gitternetze mit sehr hohen Frequenzen schwingen.

Jeder Stoff hat ein einzigartiges Schwingungsmuster, vergleichbar mit dem genetischen Code

Schwingung = Information

Tatsächlich ist es Wissenschaftlern inzwischen gelungen, diese Theorien in der Praxis zu bestätigen. Neueste Erkenntnisse weisen darauf hin, dass die in den Clustern enthaltenen Informationen nicht auf die räumliche Anordnung der einzelnen Moleküle zurückzuführen sind, sondern auf das ganz spezifische Schwingungsmuster der Wassermoleküle. Diese, so vermuten die Forscher, bilden durch die zeitliche Abfolge der gemeinsamen Schwingung ein dauerhaftes Informationsmuster im Wasser: Es sind möglicherweise also nicht nur die Cluster selbst, sondern vielmehr die Schwingungsfrequenzen, in denen Informationen gespeichert sind. Diese Annahme böte für einige bislang ungeklärte Phänomene eine schlüssige wissenschaftliche Erklärung. Wenn Information nämlich als Frequenz enthalten ist, erklärt dies auch die Wirkungsweise von feinstofflichen Arzneien, weil jeder Ausgangsstoff ein eigenes Schwingungsmuster besitzt.

Jegliche Materie ist nichts anderes, als verdichtete Schwingung. Alles was wir in unserer Welt wahrnehmen und auch das, was wir mit unseren Sinnen nicht mehr wahrnehmen können, schwingt: Jeder Stein, jedes Organ, jedes Lebewesen, ja jeder Planet und jedes Atom haben ein ganz bestimmtes Schwingungsmuster. Hier treffen wir auf das Resonanzgesetz und das Gesetz der Harmonik: Schwingung wird auf einen lebenden Organismus übertragen, wenn dieser dazu in Resonanz oder

Die Wasserqualität eines Sees kann z.B. über das Einspielen von bestimmten Frequenzen verbessert werden

Dissonanz geht: Wenn wir zum Beispiel auf einem Tisch zwei Stimmgabeln haben und nur eine davon anschlagen, wird auch die zweite Stimmgabel schwingen – sie geht

»Wasser ist H_2O, zwei Teile Wasserstoff,
ein Teil Sauerstoff.
Aber da ist noch ein Drittes,
das erst macht es zu Wasser,
und niemand weiß, was das ist«.

David Herbert Lawrence, englischer Dichter 1885-1930

in Resonanz. Außerdem weiß man, dass auch jeder Ton gleichzeitig die Obertöne in höheren Oktaven zum Schwingen bringen kann.

Durch Schwingung Wasser revitalisieren

Diese neuesten wissenschaftlichen Erkenntnisse machen sich in jüngster Zeit auch immer mehr Wasserforscher zu Nutze. So mehren sich die Versuche, bei denen das Wasser verschmutzter Seen durch das Einspielen bestimmter Frequenzmuster verbessert werden soll. In dem Schweizer Kanton Wallis wird beispielsweise ein See wegen starken Algenbefalls seit neuestem nicht mehr mit Chemikalien behandelt, sondern mit elektromagnetischen Wellen. Zu diesem Zweck verlegte der Wasserforscher Walter Thum einen Draht quer durch den See: Über diesen Draht werden dem See nun Frequenzmuster von Sauerstoff übertragen. Da die Wissenschaftler wissen, in welcher Frequenz Sauerstoff schwingt (es ist eine sehr hohe Oktave vom Ton G), ist es ihnen möglich, exakt dieses Muster aufs Wasser zu übertragen. Tatsächlich zeigte sich bereits nach kurzer Zeit ein Rückgang des Algenbefalls.

Nicht alle Schwingungen sind für uns zuträglich

Der Wasserforscher Dr. Wolfgang Ludwig sagte einmal sehr treffend: »Wasser hat ein Gedächtnis wie ein

Elefant«. Wenn das Übertragen von Informationen über Frequenzmuster funktioniert, muss man gleichzeitig davon ausgehen, dass unser Trinkwasser aber auch jede Menge unerwünschter Schwingungsmuster enthält. Jeder Stoff, der mit dem Wasser jemals in Verbindung gekommen ist, hat das Wasser mit seinem ganz individuellen Schwingungsmuster geprägt. Und da Wasser die Fähigkeit hat, einmal eingeprägte Informationen zu speichern und diese an lebende Organismen zu übertragen, sollten wir uns durchaus Gedanken darüber machen, mit welchen Stoffen unser Trinkwasser schon in Berührung gekommen ist. Zwar wird das Trinkwasser einem chemischen Reinigungsprozess unterzogen, bei dem Schadstoffe eliminiert werden, die Schwingungsmuster der Schadstoffe sind jedoch nicht so leicht zu beseitigen, wie dies unlängst auch von südkoreanischen Chemikern bewiesen wurde. Das Wasser verfügt also selbst nach der Reinigung und sogar nach der Destillation noch über Frequenzmuster, die unserer Gesundheit möglicherweise nicht gerade zuträglich sind.

Die Information von Sauerstoff kann in Form von Schwingung auf Wasser übertragen werden

Wasser tanzt aus der Reihe

Doch die Wissenschaftler stellen sich noch viel mehr Fragen zu den Anomalien des Wassers, und auf die meisten gibt es noch keine schlüssigen Antworten. Vom Wasser sind mittlerweile 40 so genannte »Anomalien« bekannt. Das heißt, es verhält sich im Vergleich zu anderen bekannten chemischen Verbindungen eben nicht so, wie man es auf Grund der wissenschaftlichen Vermutungen vorausberechnet hätte.

- Warum kocht Wasser erst bei 100 Grad Celsius?
- Warum liegt der Gefrierpunkt des Wassers bei null Grad Celsius?
- Warum braucht Wasser doppelt

so lange (wie man eigentlich annehmen sollte), um Wärme aufzunehmen und abzugeben?

- Warum kann Wasser überhaupt so viel Wärme speichern?
- Warum nimmt das Volumen von Wasser beim Gefrieren zu, anstatt weniger zu werden?
- Warum ist Wasser überhaupt eine Flüssigkeit? Wasserstoff ist bei Raumtemperatur ein Gas, das bei Minus 252,5 ° C flüssig wird. Sauerstoff ist bei Raumtemperatur ebenfalls ein Gas. Es wird bei Minus 182,97° C flüssig.
- Warum ist die Verbindung von Wasserstoff und Sauerstoff nach den physikalischen Gesetzen nicht ebenfalls ein Gas?

Würde sich aber das Wasser nicht so verhalten, ein Leben wäre auf dieser Erde wohl kaum möglich. Nachfolgend finden Sie die interessantesten Anomalien des Wassers und warum diese für das Leben auf der Erde so wichtig sind.

Der Gefrierpunkt

Viele physikalische Besonderheiten lassen sich mit den biologischen Funktionen des Wassers erklären: Läge der Gefrierpunkt des Wassers bei seiner größten Dichte, würden sämtliche Gewässer von unten nach oben gefrieren. So aber schützt die sich von oben bildende Eisschicht das Leben im Wasser und gibt zusätzlich noch einen wirksamen Schutz vor Wärmeverlust.

Wasser steigt in den feinen Kapillaren gegen die Schwerkraft in den Bäumen auf

Gut dass Eis leichter ist als Wasser, sonst wäre kein Leben in Gewässern möglich

Die Verdampfungswärme
Die abnorm hohe Speicherkapazität von Wärme bildet die Grundlage für die Regulation der Temperaturen von Mensch und Erde. Gleiches gilt für die hohe Verdampfungswärme. Sie hilft Mensch und Tier, den Körper durch Ausdünstung von Flüssigkeit zu kühlen.

Die hohe Oberflächenspannung
Die hohe Oberflächenspannung sorgt dafür, dass Wasser entgegen der Schwerkraft in Bäumen aufsteigen kann. Das zeigt uns das Beispiel Birke: Im Frühjahr schießen täglich bis zu 70 Liter ihrer Säfte von den Wurzeln bis in die Blattspitzen. Die Oberflächenspannung spielt also eine wichtige Rolle beim Flüssigkeitstransport in den Kapillaren von Pflanzen, Tieren und Menschen.

In den nachfolgenden Kapiteln erhalten Sie viele Informationen, wie man heutzutage mit den verschiedensten Methoden Wasser reinigen, wiederaufbereiten, beleben und energetisieren kann, um die Wasserqualität zu verbessern und damit unserer Gesundheit und Umwelt den größtmöglichen Nutzen zu bringen.

Steine und Wasser haben eine ganz besondere Beziehung zueinander. Steine reinigen und vitalisieren.

Lebendige Wasserqualität!

Manche Wissenschaftler sind der Meinung, dass man sehr viel Energie benötigen würde, um alle Informationen zu löschen: Erst wenn das Wasser starkem Druck, hohen Temperaturen (400 Grad Celsius) oder starken Verwirbelungen ausgesetzt werde, könnten Informationen gelöscht werden. Im natürlichen Wasserkreislauf wird der verdunstete Wasserdampf mit der Energie der Sonne genährt und gleichzeitig verwirbelt. Die Clusterstrukturen lösen sich auf, und die Wassermoleküle werden gleichzeitig durch die Sonne mit Lichtenergie, mit neuen Leben spendenden Informationen programmiert. Mit der Auflösung der Cluster verliert das Wasser dann auch seinen Informationsgehalt. Al-

Aufwerten durch mischen

Wie wir wissen, ist Wasser sehr kontaktfreudig und es hat ein großes Mitteilungsbedürfnis. Wenn ich manchmal kein Quellwasser mehr zu Hause habe, verbessere ich die Qualität des Leitungswassers, indem ich es über Nacht in eine Glaskaraffe fülle und einen kleinen Spritzer eines guten Quell- oder Heilwassers oder eine Edelstein-Quarzmischung dazu gebe. Das reicht aus, um die »höherwertige« Information an das andere Wasser zu übertragen und dessen Qualität zu verbessern. Insbesondere, wenn Quellwasser schon längere Zeit gelagert war, greife ich auf diese einfache Methode zurück.

lerdings kommt das Regenwasser bei seiner Reise durch die verschiedenen Luftschichten und schließlich auf dem Weg durchs Erdreich wieder mit Schadstoffen in Berührung.

Da Trinkwasser meist aus Oberflächenwasser gewonnen wird, fehlt der gründlich reinigende Prozess durch die verschiedensten Sediment- und Gesteinsschichten, die das Wasser filtern und reinigen. Nur Quell- oder Mineralwässer werden aus Tiefenwasser gewonnen. Wer nicht das Glück hat, sein Wasser direkt aus der Quelle zu beziehen und wer auf die örtliche Trinkwasserversorgung angewiesen ist, sollte sich Gedanken machen, wie man die Trinkwasserqualität verbessern kann, denn durch den langen Weg des Wassers in den Rohren und dem damit verbundenen hohen Druck, geht seine natürliche kristalline Struktur verloren: Viele Wasserforscher sind der Meinung, dass damit auch die Lebendigkeit, die lebensvermittelnde Eigenschaft des Wassers auf der Strecke bleibt.

Frisches Quellwasser vermittelt reine Lebensqualität – ist also ein hochwertiges Lebensmittel

Wasser und Natur

Im Gegensatz zum Wasser ist das Erdreich für die Pflanzen entbehrlich. Frische Wiesenpflanzen bestehen bis zu 80 Prozent des Gewichtes aus Wasser. Wassermelonen zu 93 Prozent, Gurken gar zu 96 Prozent, Kürbis, Rhabarber und Kopfsalat zu 95 Prozent. Eine Sonnenblume verbraucht an einem sonnigen Tag etwa einen Liter Wasser, eine ausgewachsene Birke kann am Tag bis zu 70 Liter Wasser verdunsten. Ein Hektar Mischwald mit etwa 500 Bäumen verbraucht während eines Jahres die stattliche Menge von rund 4 Millionen Liter Wasser.

Salate und Gurken haben einen sehr hohen Wasseranteil. Dieses Wasser ist hoch strukturiert und sehr gesund.

Doch wenn wir dieses malträtierte Wasser betrachten, werden wir bald feststellen, dass es nicht mehr braucht, als Zuwendung, Liebe, Lebensfreude und die Freiheit, so zu sein, wie es seiner Natur entspricht: Gott sei Dank gibt es viele effektive Methoden, wie wir dem Wasser diese Lebendigkeit wieder vermitteln können. Einige davon möchten ich Ihnen nachfolgend vorstellen.

Bevor wir uns aber weiter um den Gemütszustand unseres Wassers kümmern, sollten wir uns zunächst von seiner körperlichen Vitalität überzeugen: Wie ist es um die chemische Qualität des Wassers bestellt? Obwohl die Trinkwasserversorger sich alle Mühe geben reines und sauberes Trinkwasser anzubieten, wird dieses Vorhaben durch die zunehmende Zahl von Pestiziden und Fungiziden, die Jahr für Jahr zu zigtausend Tonnen in die Äcker gebracht werden, von Tag zu Tag eher schwerer als leichter – denn was die Pflanzen übrig lassen, nimmt das Wasser auf.

Die Trinkwasserversorger prüfen nur das Wasser, das sie in das Rohrleitungsnetz einspeisen. Was also bei Ihnen am Hahn als kühles Nass austritt, kann schon wieder ganz andere Werte aufweisen. Das hauseigene Rohrleitungssystem zählt übrigens zu den häufigsten Gründen für Schadstoffbelastungen im Trinkwasser. Gerade in Altbauten sollte man sich daher gelegentlich über die Wasserqualität informieren.

Diejenigen, die eine Quelle in der Nähe haben, können sich besonders glücklich schätzen – sofern das Tiefenwasser der Quelle nicht auch schon durch Schadstoffe aus der Industrie, durch Umweltverschmutzung oder durch die Landwirtschaft belastet wurde. In allen Fällen kann hier eine Wasseranalyse Aufschluss

Zwei Schritte zu gutem Wasser

Um qualitativ hochwertiges Trinkwasser in Quellwasserqualität aus der Leitung zu erhalten, werden die meisten an einer gründlichen Wasseraufbereitung nicht vorbeikommen. Ein zweistufiges Aufbauprogramm – filtern + verwirbeln – kann meist Großes bewirken. Wer das Glück hat, chemisch sauberes Wasser ins Haus geliefert zu bekommen, dem reicht bereits die energetische Wasserbelebung.

Das wichtigste Lebensmittel für alle Lebewesen ist gutes Wasser

über die Qualität und eventuelle Schadstoffbelastungen geben:

Verschiedene Methoden der Wasserwiederaufbereitung

Wasserwiederaufbereitungsanlagen sollten viel leisten: Angefangen beim Umprogrammieren von Schwingungsmustern bis hin zum Entfernen von Schadstoffen. Hohe Ansprüche also, die wir an unser Wasser und an Wasserbelebungs- und Wasserwiederaufbereitungsanlagen stellen. Auf der Suche nach geeigneten Geräten müssen wir zunächst zwischen »chemischer« und »geistiger« Reinigung unterscheiden. Bei der chemischen Reinigung werden dem Wasser Schadstoffe aber auch Mineralien entzogen. Hier gibt es das Filtrationsverfahren, die Dampfdestillation, das Ionenaustauschverfahren und die wohl am effektivsten arbeitende Methode, die Umkehrosmose.

Die geistige Reinigung, also das Löschen vorhandener unerwünschter Schwingungsmuster wollen die Hersteller dieser Geräte meist durch das Verwirbelungsprinzip nach Viktor Schauberger lösen. Manche Anbieter offerieren komplette Anlagen, die neben der Energetisierung des Wassers auch noch eine chemische Reinigung und zusätzlich eine Informationsübertragung vornehmen.

Wenn Körper, Geist und Seele eine Einheit bilden, ist man im Einklang mit der Natur

Das Angebot an Wasseraufbereitungsgeräten und Wasserwiederbelebungsanlagen ist enorm groß. Das ist zum einen sehr erfreulich, weil es das Bewusstsein der Gesellschaft widerspiegelt. Es zeigt, dass sich immer mehr Menschen ganz bewusst mit gutem Wasser versorgen möchten. Andererseits ist das Angebot schon so groß, dass man als Interessent den Wald vor lauter Bäumen nicht mehr sieht – aber auch hier sorgt das Resonanzgesetz mit traumwandlerischer Sicherheit dafür, dass wir genau das bekommen, was wir hier und heute brauchen.

Die Wahl des geeigneten Geräts ist natürlich nicht nur eine philosophische Entscheidung, sondern richtet sich auch nach dem Budget, der Möglichkeiten der Anbringung einer Anlage im Eigenheim oder in der Mietwohnung und natürlich auch nach der Seriosität des Anbieters. Nachfolgend möchte ich Ihnen einen Überblick der gängigsten Methoden zur Wasseraufbereitung bzw. Wiederbelebung geben.

»Es werden Zeiten kommen, in denen ein Glas reines Wasser mehr kosten wird als ein Glas Wein.«

Naturphilosoph und Erfinder: Viktor Schauberger

Der Österreicher Viktor Schauberger (1885-1958) war Naturphilosoph und Erfinder. Durch Naturbeobachtungen offenbarten sich ihm völlig neue Konzepte der Natur, der Energie und des Bewusstseins. Er beobachtete die Natur, um herauszufinden, wie sie funktioniert und wie Wachstum und Leben entstehen. Er entwickelte Geräte zur Energieerzeugung oder zur Fortbewegung, die weder Treibstoff benötigten noch Abgase oder Lärm verursachten.
Besondere Bedeutung maß er dem Wasser bei. In den Fließformen des Wassers, den Einwirbelungen, Strudeln, Mäandern und Wellenbewegungen erkannte er das »naturrichtige Bewegungsprinzip« wie er es nannte. Seine einfache, aber tief greifende Erkenntnis: »In der Natur gibt es keine geraden Linien«.

Umso interessanter ist es für uns, zu beobachten, dass wir heute diesen Prinzipien konsequent zuwider handeln. Wir transportieren Wasser zumeist in kerzengeraden Rohren oder zwängen es in begradigte Flussbetten. Da die Natur aber nicht geradlinig ist, sucht das Wasser sich immer wieder einen Weg zurück zu seiner natürlichen Fließform. Mäander und Schlangenlinien sind daher nach Schauberger die richtige Fließform des Wassers. So kann es sich energetisch aufladen, sich erfrischen und behält die Lebendigkeit. Wird das Wasser in gradlinige Bahnen gezwungen, verliert es seine Trag- und Transportfähigkeit.

Mit durchschlagendem Erfolg demonstrierte er dies mit dem Bau einer speziellen Holzschwemmanlage. Mit diesen Anlagen werden Baumstämme aus den Hochwäldern ins Tal befördert. Gemäß dem vorherrschenden Denken wurden solche Anlagen möglichst geradlinig ausgerichtet. Schauberger jedoch baute eine Holzschwemmanlage, die sich entlang kleiner Gebirgsbäche mäanderförmig ins Tal schlängelte. Die Fachwelt war sich einig, dass so etwas nicht funktionieren könne. Doch der Erfolg dieser Konstruktion ließ die Fachleute schließlich verstummen: Mit seiner Anlage konnte er die Transportmenge des Holzes um ein Vielfaches steigern. Wie konnte das geschehen? Schauberger baute seine Schwemmanlage mit einer eiförmigen Rinne und versah diese zusätzlich mit kleinen »Flossen«. Des Weiteren führte er in regelmäßigen Abständen frisches, kaltes Wasser zu, so dass sich in der Mitte der Rinne ein Spiralsog bildete. Das Wasser erhielt so die naturrichtige Bewegung und konnte sich dem so genannten Anomaliepunkt (plus vier Grad Celsius) annähern. Hier hat es seine größte spezifische Dichte und damit auch seine höchste Tragfähigkeit. Aufgrund der aufkommenden Strömungsverhältnisse konnten die Baumstämme schnell und ohne Uferberührung ins Tal geschwemmt werden.

Er entwickelte eine Vielzahl von Geräten zur Wasserveredelung und erreichte damit so große Erfolge, dass er weit über die Grenzen Österreichs als Heiler bekannt und täglich von zahlreichen kranken und Not leidenden Menschen aufgesucht wurde, die nach Genuss seines Wassers geheilt wurden.

Die Umkehrosmose

Bei der Umkehrosmose wird Leitungswasser mit Druck durch eine mikrofeine halbdurchlässige Membran gepresst, hinter der das reine Gebrauchswasser entsteht. Dabei werden Schwebstoffe, organische Verbindungen, Farbstoffe, Kolloide, Viren und Bakterien aus dem Wasserkreislauf entfernt. Die Porengröße der Membran ist so klein, dass gerade ein Wassermolekül sie durchdringen kann. Die Umkehrosmose ist in der Lage, 95 bis 99 Prozent der gelösten Feststoffe und 99 Prozent der Bakterien zu entfernen. Dieses Verfahren kennt allerdings weder Freund noch Feind und so bleibt ziemlich alles, was nichts mit einem Wassermolekül zu tun hat, auf der Strecke: Mineralien und Lebendigkeit. Das Wasser ist chemisch gesehen zwar sehr rein, besitzt aber keinerlei Lebendigkeit.

Da während des Betriebs ständig belastetes Leitungswasser nachfließt, müssen die ausgefilterten Stoffe kontinuierlich abgeführt werden, um das Verblocken der Anlage zu verhindern. Eine Umkehrosmoseanlage produziert neben dem Reinwasser auch Abwasser, das die unerwünschten Substanzen enthält und wegspült.

Für den störungsfreien Betrieb sollte die Membran aus Kunststoff sein, andernfalls können Bakterien die Membran zerfressen und unbrauchbar machen. Idealerweise werden Aktivkohlefilter zur Chlorentfernung und ein Feinfilter als Schutz vor Schwebstoffen vorgeschaltet. Eine automatische Spülvorrichtung, die das Entfernen von abgelagerten Stoffen auf der Membran ermöglicht, verlängert die Lebensdauer der Umkehrosmosemembran erheblich.

Pro & Contra:

- ✚ Hoher Reinheitsgrad des Wassers
- ✚ Relativ wartungsarm bei ständigem Gebrauch
- ▬ Hoher Wasserverbrauch; drei- bis zehnfacher Rohwasserverbrauch, abhängig vom Druck
- ▬ Starke Entsalzung und Entmineralisierung
- ▬ Potenzieller Keimfänger
- ▬ Relativ hohe Anschaffungskosten

Eine Umkehrosmoseanlage kann mit relativ geringem Aufwand nahezu überall ins Hauswassernetz integriert werden

Auftriebsenergie Levitation

Ein erstaunlicher Aspekt der Spiralbewegung, der in der Wissenschaft auch heute noch unerforscht ist, ist die Levitation. Unter Levitation versteht man die Auftriebsenergie, die polar zur Gegenkraft, zur Gravitation wirkt. Wenn wir uns auf die Suche nach dieser Kraft begeben, müssen wir uns in feinstoffliche Bereiche vorwagen, die jenseits der dreidimensionalen, wahrnehmbaren Realität liegen. Für Schauberger war dies mehr als offensichtlich. Für ihn war die Levitation das Resultat der Implosion, die er als Gegenkraft zur Explosion erkannte. Die naturrichtige und aufbauende Technik muss nach Schauberger den Implosionsweg gehen. Die Implosion besitzt biomagnetische Funktionskräfte, die in einem naturrichtig fließenden Wasser entgegen der Fließrichtung dem Wasserursprung zufließen. Aus dieser Kraft schöpft z.B. die Forelle. Sie ist imstande, die Levitationskraft so zu nutzen, dass sie entweder bewegungslos im reißenden Bach steht oder stromaufwärts abschnellt. Diese Energieform vermochte Schauberger schließlich maschinell zu kopieren.

Ionenaustauscher

Ionenaustauschverfahren werden in der Regel bei geringen Schadstoffkonzentrationen betrieben. Häufig stellen sie eine Zwischen- oder Endstufe eines Reinigungsprozesses dar. Die wichtigsten Anwendungsbereiche sind die Enthärtung des Wassers sowie die Entfernung von Schwermetallionen. Die Austauschmaterialien basieren meist auf Polystyrol- oder Acrylharz. Ist die Austauschkapazität des Harzes verbraucht, muss es regeneriert werden. Dieser Vorgang stellt jedoch eine Umweltbelastung dar, da hierfür spezielle Chemikalien benötigt werden. Für einen kontinuierlichen Betrieb mit Ionenaustauschern sind mindestens zwei parallel geschaltete Anlagen notwendig, da ein Gerät allein während der Regenerierungsphase kein »Produktwasser« erzeugen kann.

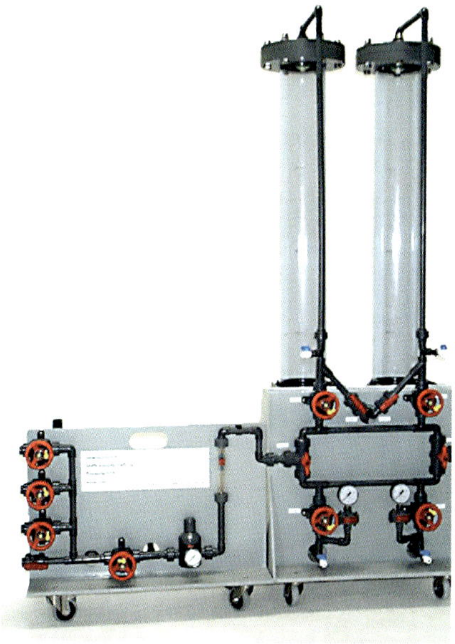

Ionenaustauscher werden in erster Linie in der Industrie zur Wasseraufbereitung verwendet

Pro & Contra:

- \+ Entfernt Schwermetalle relativ zuverlässig
- \+ Relativ reines Wasser
- – Bei kleinen Ionenaustauschern (Tischgeräten) ist kaum zu kontrollieren, wann die Austauschkapazität des Harzes verbraucht ist, da hierbei auch die Beschaffenheit des Wassers und die benötigte Menge eine Rolle spielen.
- – Hohe Gefahr der Verkeimung und Verunreinigung des gefilterten Wassers durch Mikroben.
- – Aufgrund der chemischen Zusatzbelastung aus energetischer und umweltpolitischer Sicht bedenklich.
- – Regenerierung der Ionenaustauscher für Tischgeräte nicht rentabel.
- – Für den Dauereinsatz sind mindestens zwei Anlagen notwendig.

Aktivkohlefilterung

Die in der Trinkwasseraufbereitung zum Einsatz kommende Aktivkohle verfügt aufgrund ihrer porösen Struktur über eine sehr große Oberfläche. Je größer diese Fläche, desto besser können sich Stör- und Schadstoffe daran anlagern. Die Aktivkohle entfernt unerwünschte Gerüche, chlorierte Kohlenwasserstoffe, schwer abbaubare Halogenkohlenwasserstoffe, Manganverbindungen und Schwebestoffe. Die Wirkung der Aktivkohle ist aber von vielen Faktoren abhängig: der Molekülgröße und deren Ladung, der Konzentration der Inhaltsstoffe, der Wassertemperatur, dem pH-Wert und der Kontaktzeit.

Ist die Oberfläche der Kohle durch belastetes Wasser besetzt, ist der Filter verbraucht. Findet kein rechtzeitiger Filterwechsel statt, können sich die bereits angelagerten Schadstoffe wieder lösen und ins Wasser gelangen: Auf diese Weise kann es vorkommen, dass im gefilterten Wasser hohe Konzentrationen an Schadstoffen vorkommen. Problematisch ist noch, dass sogar bei nicht vollständig beladenem Filter Schadstoffe durch den Filter hindurchwandern können, wenn bereits absorbierte Stoffe ihre Plätze mit anderen Molekülen aus dem vorbeifließenden Wasser »tauschen«. Äußerst problematisch ist der Einsatz von Aktivkohlefiltern als Tischwasserfilter wie sie in vielen Haushaltsgeschäften erhältlich sind. Die große Oberfläche der Kohle lädt nämlich nicht nur Schadstoffe zum Verweilen ein, sie bietet auch anderen ungebetenen Gästen einen optimalen Nährboden für bestes Wachstum. Mikroorganismen (z.B. Eiter-Bakterien wie Enterobacter cloacae und Citrobacter freudii oder Schimmelpilze) fühlen sich dort schnell wie zu Hause. In solchen Tischfiltern wur-

Aktivkohlefilter haben eine Durchlässigkeit von 10 bis 0,10 Mikrometer. Bakterien, Viren und die meisten Schwermetalle kommen da nicht durch.

Bei regelmäßigem Filterwechsel liefern Aktivkohlefilterverfahren chemisch sauberes Wasser, das man auch guten Gewissens Kindern geben kann

den schon Werte gemessen, die den Grenzwert der Trinkwasserverordnung um das Hundertfache überschritten haben. Diese Tischfilter sind besonders anfällig, wenn sie einige Tage unbenutzt bleiben.

Kann durch eine Kontrolle zuverlässig nachgewiesen werden, wann die Aufnahmekapazität der Aktivkohle erreicht ist, hat man mit den Aktivkohlefiltern eine durchaus wirkungsvolle Methode, sein Trinkwasser von Blei, Kupfer, Bakterien, Chloroform und anderen Schadstoffen zu befreien. Bei der Anschaffung eines Filters sollte man sich gegebenenfalls TÜV-Berichte oder anderweitige Prüfbescheinigungen vorlegen lassen. Das Risiko durch Mikroorganismenbefall ist bei allen fest installierten Filtersystemen etwa gleich hoch einzuschätzen.

Pro & Contra:

+ Relativ günstig in der Anschaffung
+ Entfernt Gerüche relativ wirkungsvoll
+ Bei konsequentem Filterwechsel durchaus überzeugende Leistung
+ Belässt Mineralien und Spurenelemente im Wasser
+ Bei neueren Modellen mit Keramik und Aktivkohle garantieren die Hersteller, dass keine Schadstoffe aus dem Filter austreten können
- Idealer Nährboden für Mikroorganismen
- Unsicherer Betrieb, man weiß nie, wann der Filter verbraucht ist
- Von Tischgeräten ist generell abzuraten

Dampfdestillation

Über die Destillation wird das Wasser zwar noch reiner als bei der Umkehrosmose, allerdings wird destilliertes Wasser für den täglichen Gebrauch nicht empfohlen. Durch die Destillation werden nämlich neben den Schadstoffen auch sämtliche Mineralien und Spurenelemente entfernt. Dieses Wasser ist zwar sehr rein, aber zugleich auch »sehr aggressiv«, weil es so reaktionsfreudig ist. Wenngleich sich neuerdings bei einer Gruppe gesundheitsbewusster Menschen ein Trend zum destillierten Wasser als Trinkwasser entwickelt hat, wird das in Fachkreisen kontrovers diskutiert. Die Gegner sehen darin nämlich die Gefahr einer Entmineralisierung. Andere Untersuchungen haben jedoch ergeben, dass die für den Menschen lebensnotwendigen Mineralien auch über die feste Nahrung in ausreichenden Mengen aufgenommen werden können. Wie dem auch sei – allein der hohe Energieaufwand bei der Herstellung (notwendiger Stromver-

Die Dampfdestillation ist energieaufwändig aber effektiv, was die Reinheit des Wassers betrifft. Die Haushaltsgeräte unterscheiden sich kaum von einer Kaffeemachine.

Die Wirkung von Wasser ist nicht nur für den Körper wohltuend und belebend. Alle Sinne werden berührt.

brauch zum Destillieren des Wassers) spricht nicht unbedingt für dieses Verfahren. Möglicherweise eignet sich destilliertes Wasser also nicht als alleiniges Trinkwasser, aber idealerweise begleitend zu einer Entschlackungskur, weil sich an das reaktionsfreudige Wasser leichter Gift- und Schlackenstoffe binden, als an mit Mineralien gesättigtes Wasser.

Pro & Contra:

- + sehr reines Wasser
- − hoher Energieaufwand beim Destillieren
- − entmineralisiertes, relativ aggressives Wasser

Verschiedene Methoden der Wasserbelebung

Im vorigen Kapitel haben Sie erfahren, welch unterschiedliche Methoden es gibt, um Wasser zu reinigen und wiederaufzubereiten. Nachfolgend finden Sie nun Systeme und Verfahren, die Wasser auf physikalischer oder energetischer Basis auch wiederbeleben:

Levitiertes Wasser nach Wilfried Hacheney

Von Schaubergers Forschungen inspiriert, entwickelte Wilfried Hacheney ein spezielles Levitationsverfahren. Das in den 80iger Jahren entwickelte Gerät ist seit 1999 in einer weiterentwickelten Form als Ultra-Kolloidator auf dem Markt. Mit dieser Verwirbelungsanlage wird das Wasser einer speziellen Strömungsdynamik ausgesetzt, was dem Wasser eine besonders große Wasseroberfläche verleiht. Die Struktur- und Oberflächendynamik des Wassers soll so erheblich verbessert werden. Beim Levitationsprozess lösen sich die Wassercluster auf und mit ihnen werden auch alle vorhandenen Schwingungsmuster eliminiert. Das Wasser wird zur Wiederbelebung in der Levitationsmaschine etwa drei Minuten bewegt. Durch diesen rein mechanischen Energetisierungsvorgang werden kleinste Wassertropfen (bis zu 50 Nanometer) erzeugt. Das Wasser wird reaktionsfreudiger und »lebendiger«. Der optional erhältliche Sauerstoffzusatz versetzt das Wasser zusätzlich mit Sauerstoff. Dabei werden Werte von 30 bis zu 49 mg Sauerstoff pro Liter Wasser erreicht. Der Sauerstoffgehalt bleibt relativ stabil, da bei diesem Verfahren die Anreicherung nicht durch Druck, sondern durch den Sogeffekt bei der Verwirbelung vonstatten geht.

Die Wirksamkeit von mit Sauerstoff angereichertem Wasser wird noch

Die Levitationsmaschine verwirbelt das Wasser und reichert es wahlweise mit Sauerstoff an

diskutiert. Studien weisen darauf hin, dass Sauerstoff auch über den Magen direkt in die Blutbahn gelangen kann. Durch den regelmäßigen Genuss von levitiertem Wasser soll jedoch eine deutliche Reduktion der freien Radikale (werden als Krebserreger betrachtet) und eine Verbesserung des Blutbildes möglich sein.

Das Gerät kann flexibel wie eine Küchenmaschine an jedem beliebigen Platz betrieben werden. Ebenso können Sie damit alle beliebigen Wässer mischen und aufwerten. Generell wird levitiertes Wasser als stoffwechselfreundliches Wasser bezeichnet. Viele Anwender geben an, dass ihnen dieses Wasser besser schmeckt und sich eine allgemeine gesundheitliche Verbesserung des Gesamtzustandes ergeben hätte.

Fazit: Levitiertes Wasser kann man entweder relativ preiswert kaufen oder man besorgt sich die Levitationsmaschine für zu Hause. Der Vorteil dieses Geräts ist die Flexibilität. Sie sind unabhängig von der regionalen Trinkwasserversorgung und es muss auch nicht wie die meisten anderen Geräte installiert werden. Geräte dieser Art haben generell keinen Einfluss auf die chemische Zusammensetzung des Wassers, allerdings wird das im Wasser vorhandene Calciumcarbonat (Kalk) in eine für die Zellen verwertbare Form umgewandelt. Schadstoffe werden aber nicht entfernt, schädliche Informationsmuster schon.

Devajal Wasserwirbler

Eine einfache, kostengünstige und dennoch sehr effektive Methode zur Wasserwiederbelebung haben wir mit dem Devajal Wasserwirbler. Vorlage zu dieser Entwicklung gab wie so oft die Natur und in diesem speziellen Fall wieder Viktor Schauberger. Er erforschte und ergründete als Erster die sich nach unten verjüngenden Spiralbewegungen des Wassers und nannte diese »Implosionskraft« (siehe Kasten Auftriebsenergie Levitation). Der Devajal Wasserwirbler ist ein kleines Rohrstück, an dessen Enden jeweils ein Gewinde angebracht ist. In der Mitte ist ein Loch. Zwei handelsübliche Flaschen mit Schraubverschluss lassen sich damit verbinden. Beim Umfüllen des Wassers von einer Flasche in die andere entsteht ein natürlicher Wirbel, der das Wasser energetisiert.

Zugegeben, es ist ein wenig Übung nötig, damit die Spiralbewegung in Gang kommt. Hat man aber den

Die Aufnahmen von Dr. Emoto zeigen das gleiche Wasser. Allerdings durchlief das Wasser des rechten Bildes einen dreimaligen Verwirbelungsprozess im Devajal.

Bogen raus, geht es spielend leicht. Der Devajal wurde zusätzlich mit den Worten »Liebe und Dankbarkeit« in verschiedenen Sprachen beschriftet.

Personen, die dieses verwirbelte Wasser getrunken haben, berichten von einer Verbesserung des Geschmacks. Es soll weicher, einfach frischer schmecken. Radiästhetische Messungen zeigten eine deutliche Verbesserung des Organismus nach Genuss des Wassers (Testung durch Pendel und Elektroakupunktur nach Voll).

Fazit: Dieses Gerät ist zwar unscheinbar, aber umso effektiver. Mit einem Preis von etwa zehn Euro kann nur noch die Edelsteinmischung mithalten. Wer dem Wasser gerne zusieht, wie es vitalisiert wird und wer ein bisschen Zeit dafür aufbringen will, kann in puncto Preis-Leistungsverhältnis kaum was Besseres bekommen.

Der Devajal Wasserwirbler ist einfach auf die Flaschen aufzuschrauben. In der oberen Flasche bildet sich ein wunderschöner Wirbel .

Plocher Vitalisierung

Die Wasserbelebungsanlage Plocherkat macht sich die Informationsü-

Wasser, Luft und Sonne sind die einfachsten, aber wichtigsten Lebensmittel für den Körper

bertragung zu Nutze, die auf dem Schwingungsprinzip basiert: Die Apparatur besteht – einfach ausgedrückt – aus einer Metallplatte, die mit einem speziellen Schwingungsimpuls energetisiert wurde. Der Plocherkat kommt zu keiner Zeit mit dem Wasser in Berührung. Dennoch versprechen die Hersteller, dass das Gerät eine chemische und bakteriologische Reinigung des Wassers bewirkt. Der Plocherkat reduziert (nach längerem Gebrauch der Anlage) die im Trinkwasser vorkommenden Blei-, Kupfer- und Zinkvorkommen um bis zu 70 Prozent. Plocher verspricht aber noch eine Reihe weiterer Verbesserungen der Trinkwasserqualität. So soll z.B. das durch Aufbereitungsverfahren geschundene Trinkwasser seine ursprüngliche energetische Vitalität zurückbekommen. Ebenso sollen Verkalkungen an Küchengeräten und Wasserarmaturen der Vergangenheit angehören. Die an die Wasserleitung aufgebrachte programmierte Metallfläche macht den Kalk weich und verhindert so die Ablagerung an Heizstäben, Glas oder Keramik. Selbst bestehende Ablagerungen sollen nachträglich Schritt für Schritt gelöst werden. Chemisch nachweisbar sollen Ammonium, Nitrit, Eisen und Mangan im Wasser verringert werden.

Eine Vitalisierung des Wassers wird versprochen, wenngleich Beweise hierzu nach herkömmlichen naturwissenschaftlichen Methoden bei Geräten dieser Art auch nicht wirklich messbar sind. Allerdings gibt es auch hier überzeugte Anwender (seit mehr als 20 Jahren), die davon berichten, dass ihr Wasser nun einen weitaus besseren Geschmack aufweist.

Fazit: Beim Plocherkat handelt es sich um eine Metallapparatur, die mit spezifischen Informationen programmiert wurde. Das Gerät kann nur an einem zugänglichen, nicht unter Putz liegenden Stück Wasserleitung montiert werden. Es eignet sich daher nicht für jede Wohnung. Die Verbesserungen der Trinkwasserqualität, die Härtestabilisierung sowie die bakteriologischen und chemischen Verbesserungen konnten laut Herstellerangaben von offiziellen Stellen mit wissenschaftlichen Methoden bestätigt werden. Spezielle (nicht alle) Schadstoffe im Trinkwasser werden reduziert. Ob mit dem System die Löschung der Schadstoffinformationen möglich ist, sprich eine Aufspaltung der Wassercluster, konnte noch nicht in Erfahrung gebracht werden.

Magnetisierung

Dass die Magnetisierung von Wasser hilft, Kalkablagerungen zu vermeiden, ist in der Fachwelt unstrittig. Ein Magnetfeld, das auf fließendes Wasser einwirkt, verändert die physikalisch-chemischen Eigenschaften des Wassers. Manche Anbieter sprechen davon, dass das Wasser auch dynamisiert würde, sprich, es seine Lebendigkeit wieder erhielte. Anbieter von Magnetsystemen gehen davon aus, dass sich durch das starke und sich ständig wechselnde Magnetfeld auch die Clusterstruktur des Wassers löst. So sollen sich durch die Magnetisierung schädliche Schwin-

Beim Plocherkat wurden Informationen auf die Metallapparatur gespeichert. Vorbeifließendes Wasser soll so energetisiert werden.

Magnetisierung mit Elektromagneten?

Alle Eigenschaften der Magnetisierung mittels eines Magneten könnte man auch von elektrischen Systemen erwarten. Ich würde jedoch generell von elektrischen Magnetsystemen zur Wasserbelebung abraten. Warum sollen wir unser ohnehin schon geschundenes Trinkwasser zusätzlich noch mit Elektrosmog versehen? Ich kann mir nicht vorstellen, dass sich Anbieter dieser Systeme tatsächlich Gedanken über lebendiges Wasser machen. Ihr Fokus liegt wohl viel mehr bei verkalkten Rohrleitungen und Haushaltsgeräten. Das leisten die herkömmlichen Magneten allerdings auch.

gungsmuster neutralisieren lassen. Einige Wissenschaftler wollen die Wirkung der Magnetfelder auf Wasser an unterschiedlichen physikalischen Parametern, wie Dichte, Oberflächenspannung und Magnetfeld des Wassers festmachen.

Fazit: Das Magnetsystem ist einfach und schnell an den Hausanschluss anzubringen. Das Wasser wird auch tatsächlich weicher und die Verkalkung von Rohren, Armaturen und Geräten wird stark reduziert. Bei diesem Verfahren wird das Wasser nicht von chemischen Schadstoffen gereinigt und es werden auch keine Mineralien oder anderen Stoffe eliminiert.

Schematische Darstellung der Grander-Technologie. Hier wird das Leitungswasser an Informationswasser (rot) vorbei geführt.

Grander-Wasser

Bei der Grander-Technologie handelt es sich um reine Informationsübertragung. Dem Wasser wird nichts zugesetzt und nichts entnommen. Das Wasser fließt dabei durch eine Apparatur, in deren Zentrum eine Ampulle mit »Informationswasser« platziert wurde. Beim Vorbeiströmen des Wassers soll dabei das Leitungswasser mit dem zentral gelagerten Informationswasser »beseelt« werden. Ein nach dieser Technologie belebtes Wasser soll wieder Fähigkeiten von Wässern besitzen, die in der Natur nur noch sehr selten vorkommen. Johann Granders Anspruch ist, die Eigenschaften des belebten Wassers inklusive aller positiven Eigenschaften für Menschen, Tiere und Pflanzen, auf jedes Wasser übertragbar zu machen. Er spricht dabei vor allem von einer verstärkten Selbstreinigungskraft, einer erhöhten Lösungskraft und einer längeren Haltbarkeit des Wassers. Anwender des Grander-Wassers berichten von einem feineren Geschmack mit einem erhöhten Verlangen Wasser zu trinken.

Fazit: Die Grander-Methode macht sich die Möglichkeit der Informationsübertragung von Wasser zu

Wasser zu Nutze. Das hochwertige Quellwasser, wie es auf Granders Grundstück entspringt, dient dabei als Informationswasser. Die Anlage ist wartungsfrei und benötigt ein Stück offen liegende Wasserleitung. Wer chemisch sauberes Leitungswasser ins Haus bekommt, soll mit diesem Gerät in der Lage sein, negative Schwingungsmuster zu löschen und es zusätzlich mit denen der Granderquelle aufzuladen.

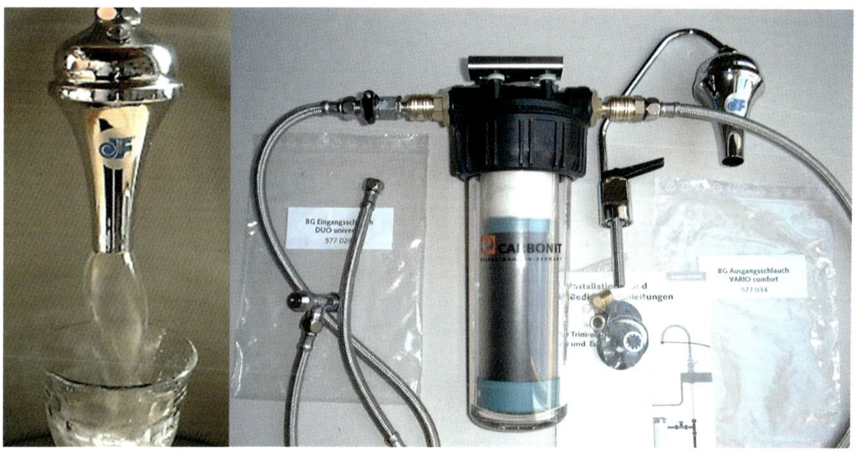

Der »Martinwirbler« ist einfach am Wasserhahn zu montieren. In Verbindung mit einem Aktivkohlefilter hat man eine effektive Komplettlösung.

Martinwirbler

Eine etwas einfacher anmutende, aber nichtsdestoweniger wirkungsvolle Lösung sind Wasserverwirbler wie zum Beispiel der Martin-Wasserwirbler. Der Bauingenieur Wilhelm Martin entwickelte und baute bereits 1972 auf Anregung von Walter Schauberger, dem Sohn von Viktor Schauberger, ein kleines Wasserhahnvorsatzgerät, das an den Wasserhahn oder die Dusche angeschraubt werden kann und das dem durchlaufenden Wasser jene natürlich-spiralige Bewegungsform zurückgeben soll. Der erzielte energetische Effekt bei diesem »Spiral«- oder auch »Wirbelwasser« ist mit herkömmlichen Untersuchungsmethoden, die einem wassertechnischen Laboratorium zur Verfügung stehen, nicht nachweisbar. Die Wirkung wird auch hier, wie bei den anderen Geräten zur energetischen Wasseraufbereitung, über auftretende Phänomene erklärt. Als Prüfkriterien wurden daher Hautwiderstandsmessungen, Kirlian-Fotografien, Kristallisationsbilder,

Die wohl effektivste Art der Wasservitalisierung. Ein natürlicher Gebirgsbach mit vielen Hindernissen.

Elektroakupunktur oder die Festigkeit von Betonabmischung verwendet. Hier konnten diese Phänomene allesamt glaubhaft, aber eben nicht streng wissenschaftlich nachgewiesen werden.

Fazit: Der einfach anzubringende Aufsatz bei den verschiedenen Herstellermodellen von Wasserverwirblern versetzt das Wasser beim Austreten aus dem Wasserhahn in die naturrichtige Bewegung. Besonders eignet sich diese einfach zu montierende Lösung für Menschen, die keine Möglichkeit haben, eine Festinstallation anderer Geräte vorzunehmen. Erfolgsmeldungen nach zu urteilen wird dabei wohl der Informationsgehalt des Wassers zumindest von negativen Schwingungsmustern gelöscht. Der Preis ist verhältnismäßig gering, so dass der kleine Nachteil, nur eine Zapfstelle zu haben durch eine erschwingliche Zweit- oder Drittapparatur ausgeglichen werden könnte. Chemisch sauberes Wasser ist natürlich auch hier die Voraussetzung für den täglichen Einsatz.

EWO System

Das EWO System zur Wasservitalisierung wurde von Alois Gruber entwickelt und nimmt sich die Natur zum Vorbild. Den natürlichen Vorgaben folgend verwirbelt, informiert und magnetisiert diese Anlage das

Leitungswasser. Das Herzstück dieser Anlage ist die integrierte DNS Verwirbelung nach Viktor Schauberger. Sie soll dem Wasser wertvolle Lebensenergie zurückgeben. Während des Verwirbelungsprozesses ist die Aufnahmebereitschaft des Wassers für die gleichzeitig stattfindende Informationsübertragung erhöht. Die integrierte Informationsampulle und die doppelte Außenwand sollen mit natürlichen Informationen von reinem Quellwasser sowie Informationen von Heilquellen und Kristallen angereichert sein. Während das Leitungswasser der Schauberger-Spirale folgend nach unten und dann wieder nach oben wirbelt, ist es in einem sehr empfänglichen Zustand, sodass die Informationen vom Gruber-Informationswasser optimal auf das durchfließende Wasser übertragen werden kann. Diese Verwirbelung soll selbst bei großem Wasserbedarf sowohl eine optimale Informationsübertragung ermöglichen als auch eine hohe Stabilität der übertragenen Informationen gewährleisten. Zudem ist das Edelstahlgehäuse mit der Frequenz des Erdmagnetfeldes von 7,8 Hertz magnetisiert. Diese natürliche Magnetisierung bewirkt eine Umwandlung des im Wasser enthaltenen Kalks in

Dieses Gerät wird in den Wasser-Hauptanschluss integriert. Die DNS-Verwirbelung nach Schauberger soll das vorbeifließende Wasser wiederbeleben.

kleine, flache Aragonitkristalle, die sich nicht mehr an den Rohrwänden anlagern können.

Fazit: Das Verwirbelungsprinzip nach Schauberger stand Pate bei der Entwicklung. Es kommt zu einer kontaktlosen »Programmierung« des Wassers. Das Besondere an diesem System ist die Simulation des Erdmagnetfeldes von 7,8 Hertz. Dieses natürliche Magnetfeld sorgt nachweislich für eine Umformung der Kalkkristalle und es soll darüber hinaus für weitere vitalisierende Effekte verantwortlich sein (siehe auch weiter oben unter Magnetisierung).

So können Sie Wasser selbst energetisieren

Neben den bisher genannten Methoden der Wasserbelebung gibt es einfache, aber sehr effektive »Hausmittel«, um Wasser zu energetisieren. Wer sich nicht sicher ist, ob er viel Geld für eine Wiederbelebungsanlage investieren möchte, die durch das Aufbringen von Platten oder Stäben am Wasserhausanschluss das Wasser beim Vorbeifließen informieren soll, der kann zunächst die wesentlich preisgünstigere Variante des Wasserenergetisierens für sich selbst austesten:
Geben Sie in ein kleines Leinen-

Eine preiswerte und wirklich gute Art Trinkwasser zu energetisieren. Die gewünschte Edelsteinmischung in eine Glaskaraffe geben, (eventuell gefiltertes) Wasser dazu und über Nacht stehen lassen.

säckchen einige Edelsteine (siehe Edelsteine weiter unten). Befestigen Sie das Säckchen mit der Edelsteinmischung an einem Wasserhahn oder an der Hauptwasserleitung. Noch effekiver ist es aber, wenn Sie eine entsprechende Edelsteinmischung über Nacht in eine Wasserkaraffe geben und so das Wasser energetisieren. Experimentieren Sie! Das Wasser schmeckt am nächsten Tag einfach weicher als zuvor. Um sich von der Wirksamkeit zu überzeugen, können Sie selbst Versuche mit Pflanzen anstellen: Machen Sie zwei kleine Kästchen mit der gleichen Art Pflanzensamen, zum Beispiel Radieschen oder Weizengras. Gießen Sie die einen Sämlinge nur mit »energetisiertem« Wasser und die anderen mit dem haushaltsüblichen Wasser. Überzeugen Sie sich selbst, mit welch einfachen Mitteln Sie die Qualität Ihres Trinkwassers verbessern können.

Energetisieren mit Edelsteinen

Edelsteine bieten uns mannigfaltige Möglichkeiten, mit feinstofflichen Schwingungsmustern in Berührung zu kommen. Sie besitzen die Fähigkeit, spezielle Frequenzen auf ein Trägermaterial wie Wasser zu übertragen. Der Unterschied von Edelsteinen zu gewöhnlichen Steinen liegt darin, dass Edelsteine aus einem einzigen Stoff oder einer einzigen Stoffverbindung bestehen und so ein klares Frequenzmuster aussenden.

Die Kraft der Steine (Edelsteine, Mineralien) wirkt auf Menschen, Tiere und Pflanzen. Schon unsere Vorfahren wussten um diese Kräfte. So nutzten die Chinesen bereits vor 4000 Jahren Edelsteine zur Heilung. Wir können uns die heilenden Eigenschaften der Edelsteine zunutze machen, indem wir diese Steine als Heilsteine tragen oder unser Trinkwasser damit energetisieren.

Bevor Sie jedoch mit Steinen arbeiten, sollten Sie immer daran denken, die Steine gründlich zu reinigen: energetisch und physikalisch. Reinigen Sie die Steine mindestens einmal wöchentlich unter kaltem, fließendem Wasser und legen

Sie sie dann zum Beispiel draußen auf die Fensterbank (nicht hinter die Fensterscheibe) in die Sonne zum Aufladen.

Nachdem Sie die Steine gereinigt und aufgeladen haben, geben Sie diese nun über Nacht in eine Glaskaraffe mit Wasser. Die Steine sollten über Nacht, aber mindestens zwölf Stunden im Wasser ihre Wirkung entfalten. So können Sie sich jeweils Ihren Tagesbedarf vorbereiten. Experimentieren Sie mit verschiedenen Steinen und achten Sie darauf, welche Energie Ihnen besonders gut tut. Die ideale Steinmischung zur Wasser-Energetisierung ist der Rosenquarz, der Bergkristall und der Amethyst.

Generell haben alle Edelsteine eine strukturierende Wirkung auf das Wasser. Dennoch sind von den Edelsteinen zusätzliche Energiemuster bekannt, die bei besonderen Gemüts- oder Gesundheitszuständen ihre spezifische Wirkung entfalten. Nachfolgend möchte ich Ihnen einen kleinen Überblick von Edelsteinen und ihren Einsatzmöglichkeiten geben:

Energetisierung mit Musik, Worten, Bildern und Zeichen

Eine andere Möglichkeit der Trinkwasser-Energetisierung funktioniert ebenfalls sehr einfach: Freunde von mir schwören auf diese simple Methode: Sie beschriften ihre Wasserflaschen mit kraftvollen Worten wie »Liebe«, »Dankbarkeit« oder sie stellen das Wasser auf kraftvolle Bilder. Die Idee haben sie von Masaru Emoto. Es scheint in jedem Fall so zu sein, dass das Wasser auch diese harmonisierenden Schwingungsmuster aufnimmt und sich dadurch die Wasserqualität verbessert.

Der japanische Wasserforscher Masaru Emoto konnte diese Methode sehr anschaulich mit seiner Wasserkristallfotografie belegen. Emoto ging aber noch weiter, er spielte dem Wasser klassische Musik vor oder er sprach liebevolle Worte. All diese Aktivitäten lösten beim Wasser einen nachweislich positiven Umwandlungsprozess aus. Emoto macht die Gefühle des Wassers sichtbar. Mit seinen Bildern zeigt er anschaulich, dass Wasser für Gefühle, Worte, Bilder und Musik empfänglich ist. Und wenn wir daran denken, dass sich das Licht auch nicht vor der Dunkelheit fürchtet, können wir davon ausgehen, dass liebevolle Gedanken, Schriftzeichen, kraftvolle Bilder oder heilende Klänge auch dunkle Schwingungsmuster aus dem Wasser vertreiben werden.

Wenngleich auch hier die streng wissenschaftlichen Beweise fehlen, liegt doch die Vermutung sehr nahe, dass wir auf diese Weise selbst schädliche Informationen aus unserem Trinkwasser löschen können. Ich möchte hier ein Beispiel nennen, mit dem Masaru Emoto von sich reden machte: Er entnahm Wasser aus einem See, der alljährlich zu stinken begann, da das Milieu des Wassers umschlug. Im nebenstehenden Bild sehen wir deutlich die nicht vorhandene Kristallstruktur des Wassers. Nach einem Aufruf des Wissenschaftlers versammelten sich an diesem See (siehe Bild unten) hun-

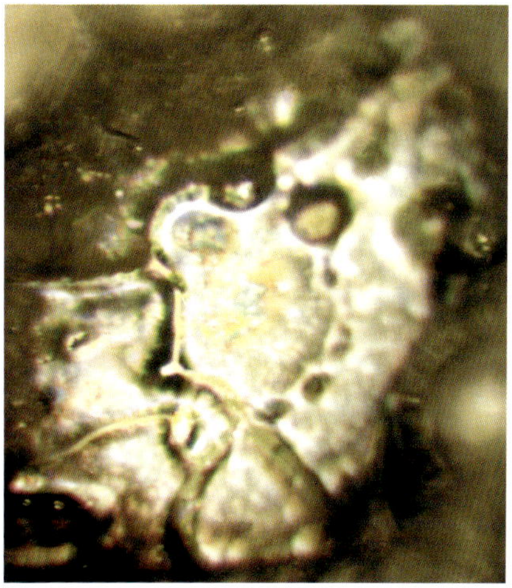

Strukturloses gefrorenes Wasser. Physikalisch haben wir es hier mit dem gleichen Wasser zu tun wie mit dem auf der übernächsten Seite. Die Wasserpprobe für dieses Bild wurde lediglich vor dem Gebet aus dem See entnommen.

Mit seinen Arbeiten zur Wasserkristall-Fotografie wurde Dr. Masaru Emoto weltberühmt

	**Der Amethyst:** Bewahrt vor Albträumen, hilft gegen Nervosität, hilft bei Ein- und Durchschlafstörungen, fördert Familienbande, stärkt den Lebenswillen, vermittelt Vitalität.
	**Der Bergkristall:** Löst Energieblockaden, stärkt den Lebenswillen, entstört Erdstrahlen (wichtig: immer wieder aufladen und entladen) vermittelt Selbstbewusstsein und Stärke, gilt als Lichtbringer.
	**Der Rosenquarz:** Stein der Liebe und Freundschaft, bestärkt die Sinne für Schönheit, hilft seelische Wunden zu heilen, gibt neuen Halt, hilft Enttäuschungen zu verkraften, schützt vor seelischen Verletzungen und falschen Freunden, entstört Computerstrahlen, neutralisiert Wasseradern und Elektrosmog.
	**Der Chalcedon:** Hilft gegen Melancholie, löst Hemmungen, für Redegewandtheit, hilft bei Lampenfieber und Selbstausdruck, bewahrt vor Stottern, stärkt das Durchsetzungsvermögen.
	**Der Orangencalcit:** Stärkt die Standfestigkeit im Leben, fördert das Selbstvertrauen und den Optimismus, stärkt in uns die Lebensfreude, gibt uns Energie, wirkt harmonisierend.
	**Der Fluorit:** Erleichtert Neuanfänge, fördert das Lernen, zur Konzentrationshilfe, weckt den Ordnungssinn in uns, hilft gegen Prüfungsangst, zum Stressabbau.

	**Jade:** Hilft bei Ängsten, steigert das Selbstbewusstsein, für Stressabbau, schenkt uns Harmonie und Ausgeglichenheit, fördert das Verhandlungsgeschick bei Verträgen. Glücksstein, steht für ein langes Leben.
	**Labradorit:** Gegen Wetterfühligkeit, lindert Wutausbrüche, hilft gegen Egoismus, hat eine ausgleichende Wirkung auf unsere Seele, wirkt befriedend, besänftigt Emotionsausbrüche.
	**Selenit:** Beflügelt unsere Gedanken, hat eine verjüngende Wirkung, gut für die Nerven, löst Blockaden, hilft in den Wechseljahren, macht uns schön.
	**Aventurin:** Gegen Depressionen, wirkt harmonisierend, bringt Freude, stärkt Mut und Zielstrebigkeit, Lebensfreude, Gelassenheit.
	**Silberauge:** Unterstützt bei Problemlösung, kann Blockaden lösen, macht uns sensibler, stärkt die Widerstandskraft, verschafft mehr Unternehmungslust, hilft bei Stimmungsschwankungen.
	**Der Magnesit:** Unterstützt Gelassenheit und Entspannung, fördert Geduld und Hingabe, löst emotionelle Verspannungen und Blockaden, schützt vor Intrigen.

Physikalisch gesehen das gleiche Wasser wie vom Bild oben, allerdings wurde die Probe erst nach dem Gebet aus dem See entnommen.

derte von Menschen, um ein Gebet für den See zu sprechen. Dieses Bild (oben) zeigt das gleiche Wasser aus demselben See. Wir sehen also, dass es durchaus möglich ist, Wasser mit Worten, Gedanken oder durch Gebete mit einem Schwingungsmuster zu versehen, was sich zumindest positiv für die Bildung von harmonischen Eiskristallen auswirkt.

Wenn Wasser durch ein Gebet die Fähigkeit zurückerhält Strukturen zu bilden, können wir daraus schließen, dass Wasser auf Gedanken und Schwingungen reagiert. Weiterhin bedeutet dies, dass auch der Mensch, als lebender »Wasserorganismus«, genauso darauf ansprechen sollte. So kann mit verschiedenen Methoden das gleiche Resultat bewirkt werden.

Hunderte folgten dem Ruf von Masaru Emoto. Sie versammeln sich am Fujiwara-Damm zum Gebet für den See.

Wenn wir uns den Versuch von Walter Thum noch einmal vor Augen halten und sehen, dass Emoto durch ein Gebet den gleichen Effekt bei einem See erzielen konnte, sehen wir erst, wie ähnlich elektromagnetische Schwingungsmuster den wesentlich feineren und subtileren Frequenzen der Gedanken sein müssen. Sind also auch unsere Gedanken nichts anderes als schwingende Energiemuster?

Masaru Emoto hat hervorragende Arbeit geleistet und in beeindruckender Weise dokumentiert, wie Wasser auf unterschiedlichste Energieformen, Schwingungsmuster oder Informationen reagiert. Wenngleich die Wasserforscher auch noch nicht alle Einzelheiten verstehen, haben sie dennoch die Tür zum Mysterium Wasser einen kleinen Spalt weit geöffnet. Mit ihren teilweise faszinie-

»Danke« – diesen Schriftzug brachte Dr. Masaru Emoto an einem Gefäß mit Wasser an. Das Wasser bedankte sich auf seine Weise.

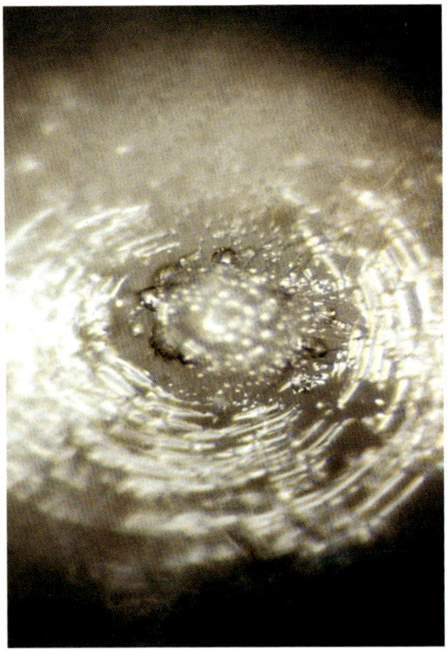

So sieht »beleidigtes« Wasser aus. Das Aufbewahrungsgefäß des Wassers wurde mit dem Wort »Dummkopf« versehen.

renden und teilweise auch unglaublichen Theorien bzw. Versuchen, haben sie uns an diesen Erkenntnissen ein kleines Stückchen teilhaben lassen. Je mehr ich mich mit dem Thema Wasser beschäftigte, desto größer wurde die Demut: Heute glaube ich fest daran, dass das Wasser ein höheres, übergeordnetes Bewusstsein hat, dass Wasser ein lebender Organismus ist. Es ist in meinen Augen ein durchgeistigtes Lebewesen allerhöchster Ordnung, so wie die Erde auch. Es lehrte mich Ehrfurcht und schenkte mir das Bewusstsein, sorgfältig und achtsam mit ihm umzugehen. Wasser ist ein phänomenaler Lehrer und Heiler zugleich.

Wasser, das diesen Kristall bildete, hörte Mozart

Daher sollten wir unserem Trinkwasser wieder mehr Aufmerksamkeit schenken. Wasser kann unser bester Freund sein und zum ärgsten Feind werden, wenn wir achtlos oder fahrlässig mit ihm umgehen. Wir sollten darauf achten, dass wir dem Wasser keine Gewalt antun, es nicht missbrauchen und es ehren und schätzen wie unseren besten Freund. Wenn wir dem Wasser mit Ehrfurcht und Liebe begegnen, pflanzen wir ihm auch diese Information ein, und es wird genau diese Liebe und Ehrfurcht in sich weiter tragen.

Nicht nur für meine Kinder sind die Lichtkinder Karten ein besonderer Spaß. Mit diesen »Kraftkarten« kann man das Wasser ganz nach Bedarf aufladen.

Welche verschiedenen Wässer gibt es?

Trink/Leitungswasser wird in der Regel nicht wie Mineralwasser aus Tiefenwasser, sondern aus Grund- oder Oberflächenwasser gewonnen. Die Qualität dieses »Rohwassers« unterscheidet sich von Ort zu Ort. Im Gegensatz zu Mineralwasser ist es nicht von natürlicher Reinheit.

Je nach Reinheitsgrad wird das Rohwasser von den Wasserwerken aufbereitet und gereinigt. In der Regel enthält es eine Vielzahl an Mineralien und Spurenelementen. Trinkwasser ist das am besten und am häufigsten kontrollierte Lebensmittel. Die Schadstoff-Grenzwerte sind deutlich schärfer als bei anderen Lebensmitteln.

Trinkwasser darf/muss unter bestimmten Umständen nachgechlort, entsäuert, gefiltert oder anderweitig behandelt werden, bevor es aus dem Wasserhahn laufen darf. Trinkwasser ist also ein hergestelltes Lebensmittel. Es ist auch Grundlage und Bestandteil vieler anderer Lebensmittel. Trinkwasser ist, wie der Name schon sagt, zum Trinken da. Die Gesundheitsämter sehen keine Notwendigkeit dieses Wasser noch zusätzlich im Haushalt nachzubehandeln oder aufzubereiten. Allerdings ist das Trinkwasser in höchstem Ma-

> **»Jede neue Erkenntnis hat zwei Hürden zu überwinden: das Vorurteil der ›Fachleute‹, und die Beharrlichkeit eingeschliffener Denksysteme«.**
>
> Herophilus 335-280 v. Chr.

Freiwillig würde die Schlange wohl nie durch dieses Rohr gehen. Das Wasser dürfte sich in den Rohren genauso unwohl fühlen, wie die Schlange. Beide brauchen die Bewegungsfreiheit.

ße unstrukturiertes und malträtiertes Wasser. Es kann mit einer Vielzahl disharmonischer Frequenzmuster in Berührung gebracht worden sein (Chlor oder Chlordioxid, Fluor, Filter, Druck, selten UV-Bestrahlung etc.). Durch den hohen Druck in den Rohrleitungen wird die kristalline Struktur zerstört. Für den Organismus besitzt es keine biophysikalische Verwertbarkeit wie das natürliche Wasser: Natürliches Wasser besitzt eine kristalline Struktur. Solche Wässer sind mit natürlichen und heilenden Energien aus der Natur aufgeladen. Wir finden solche Wässer in Gebirgsbächen oder Tiefenquellen. Für den Organismus ist dieses Wasser ein lebendiges Wasser.

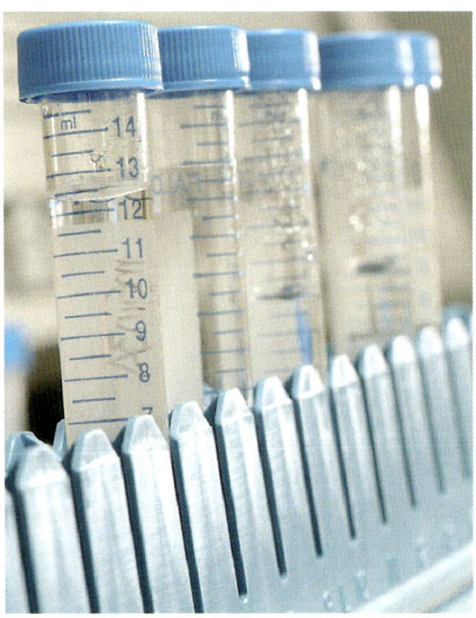

Obwohl das Trinkwasser zu den am häufigsten und best kontrolliertesten Lebensmitteln gehört, sind die Angaben zu Grenzwerten dennoch fragwürdig

Wenn Sie vorhaben, mit dem Leitungswasser Ihren Trinkwasserbedarf zu decken, sollten Sie sich über die Qualität des Trinkwassers in Ihrer Region erkundigen. Es gibt durchaus Gegenden in Europa, die noch über sehr gutes Leitungswasser verfügen. Die Grenzwerte der Gesundheitsämter nach der Trinkwasserverordnung sind da allerdings nicht sehr hilfreich (siehe nebenstehende Tabelle), da diese nicht unbedingt etwas über die tatsächliche schädigende Wirkung aussagt. Mit anderen Worten, eigentlich weiß man gar nicht genau, ab welchem Grenzwert jemand tatsächlich eine krankmachende Wirkung zu befürchten hat. Gesunde Menschen werden wohl selbst bei hohem Schadstoffaufkommen noch keine Symptome verspüren, wohingegen Kranke oder Kleinkinder wesentlich sensibler auf Schadstoffe reagieren können.

Tafelwasser ist Wasser (herkömmliches regionales Leitungs/Trinkwasser), das mit natürlichem salzreichen

Wasser (Natursole), Meerwasser, Natriumchlorid oder anderen Zusatzstoffen (z.B. Kohlensäure, Vitamine etc.) angereichert werden darf. Ab einem Mindestwert von 570 mg/ l Natriumhydrogencarbonat (Kohlensäure) heißt dieses Wasser dann auch Sodawasser. Tafelwasser darf in Containern und Tankwagen abgefüllt werden. Dieses Wasser ist aus biophysikalischer Sicht nicht empfehlenswert.

Quellwasser entstammt unterirdischen Wasservorkommen und wird wie natürliches Mineralwasser direkt an der Quelle abgefüllt. Im Gegensatz zu Mineralwasser muss es keine bestimmte und keine gleich bleibende Menge an Mineralien enthalten. Ansonsten werden an Quellwasser die gleichen Anforderungen gestellt wie an Trinkwasser. Bei der Herstellung werden keine speziellen Verfahren angewendet. Allerdings ist das Abtrennen unbeständiger Inhaltsstoffe, wie Eisen- und Schwefelverbindungen, durch Filtration oder Dekantation (Abgießen vom Bodensatz) erlaubt. Diese Wässer haben noch ihre Lebendigkeit erhalten. Wenn es nicht zu lange gelagert wurde, verfügt das Quellwasser immer noch über eine kristalline

Struktur. In Glasflaschen abgefüllt ist es durchaus sehr zu empfehlen.

Mineralwasser hat seinen Ursprung in unterirdischen, vor Verunreinigungen geschützten Wasservorkommen und wird aus einer oder mehreren natürlichen oder künstlich erschlossenen Quellen gewonnen. Es ist von ursprünglicher Reinheit und

Europäische Grenzwerte für

	Mineralwasser	Trinkwasser
Nitrat	kein Grenzwert	50 mg/l
Pestizide	kein Grenzwert	0,0001 mg/l
Arsen	kein Grenzwert	0,05 mg/l
Cadmium	kein Grenzwert	0,005 mg/l
Quecksilber	kein Grenzwert	0,001 mg/l
Blei	kein Grenzwert	0,04 mg/l

Wasser ist nicht nur lebensnotwendiges Lebensmittel, es ist auch eine gern willkommene Abkühlung an heißen Sommertagen

gekennzeichnet durch seinen Gehalt an Mineralien, Spurenelementen oder sonstigen Bestandteilen. Die Zusammensetzung, Temperatur und alle übrigen wesentlichen Merk-

male bleiben im Rahmen natürlicher Schwankungen konstant. Die Bezeichnung Mineralwasser bedarf einer amtlichen Anerkennung und ist damit das einzige Lebensmittel in Deutschland, das einer solchen Auflage unterliegt. Hier gilt das Gleiche wie bei Quellwasser: Wenn es nicht zu lange gelagert wurde und es nach Möglichkeit auch mineralarm ist und nicht mit Kohlensäure versetzt wurde, ist dieses Wasser durchaus zu empfehlen.

Heilwasser ist kein Lebensmittel, sondern ein so genanntes Fertigarzneimittel. Als solches muss es eine medizinische Wirksamkeit aufweisen. Es muss also bestimmte Symptome heilen, lindern oder zumindest einen vorbeugenden Charakter dazu aufweisen. Die medizinische Wirksamkeit muss in aufwändigen und teuren medizinischen Studien nachgewiesen werden. Das ist mit ein Grund, warum viele als Heil-

wässer bekannte Quellwässer (von kleinen Abfüllbetrieben) nicht als Heilwässer angeboten werden dürfen. In der chemischen Zusammensetzung unterscheiden sich Heilwässer kaum von handelsüblichen Mineralwässern. Natürliche Heilwässer müssen aus speziellen anerkannten Heilquellen stammen und unterliegen den strengen Richtlinien des Arzneimittelgesetzes. Auch diese Wässer sind empfehlenswert, wenn sie nicht durch Zugabe von Kohlensäure in ihrer Natürlichkeit zerstört wurden.

Wasser trinken – aber richtig!

Sämtliche Stoffwechselvorgänge geschehen im wässrigen Milieu. Daher ist der Organismus von einer ausreichenden Wasserversorgung abhängig. Wasser versorgt uns mit Nährstoffen und es transportiert die Stoffwechsel-Schlacken wieder aus dem Körper. Bekommt unser Körper zu wenig Wasser, trocknet er aus. Viele körperliche Beschwerden lassen sich allein durch Wasserzufuhr beheben. Wer seinen Körper daher ständig mit genügend gutem Trinkwasser versorgt, beugt vielen Beschwerden vor. Die Menge, die

Gutes Wasser kann auch in PET-Flaschen seine Qualität aufrecht erhalten. Idealerweise kann es nach dem Kauf in eine Glaskaraffe gefüllt werden. Das Wasser erinnert sich dann wieder an seine ursprüngliche Eigenschaft.

Pro & Contra PET-Flaschen!

Es ist nicht grundsätzlich so, dass Plastikflaschen so schädlich für gute Wässer sind, wie von manchen immer wieder behauptet wird. Tatsächlich ist es immer noch besser, gutes Wasser aus Plastikflaschen in ein Wasserglas zu schütten als »totes« Wasser aus Glasflaschen! Natürlich sollten Sie, wenn immer es geht, den Idealzustand anstreben, nämlich gutes Wasser in Glasflaschen aufzubewahren.

Dennoch hat es sich gezeigt, dass wirklich hochwertige Wässer – selbst durch die Abfüllung in PET-Flaschen – ihre ursprüngliche Vitalität nicht verloren haben: Gibt man nämlich dieses Wasser in ein Glas, baut es nach relativ kurzer Zeit sein ursprüngliches Frequenzmuster wieder auf – Wasser hat eben doch ein Gedächtnis!

ein Erwachsener ungefähr zu sich nehmen sollte, liegt bei etwa zwei bis drei Litern Wasser über den Tag verteilt. Die Betonung hierbei liegt auf dem Wort Wasser und es meint nicht Flüssigkeiten wie Bier, Kaffee, Wein, Süßgetränke etc. Diese Flüssigkeiten entziehen dem Körper meist noch mehr Wasser und Mineralstoffe als sie ihm geben. Achten Sie also darauf, dass Sie das Richtige trinken!

Der Wasserbedarf des Körpers sollte idealerweise mit aktivem, lebendigem Wasser sichergestellt werden. Nur lebendiges Wasser kann seiner Entsorgungsfunktion im Körper auch wirklich gerecht werden. Kaffee, Alkohol und vor allem gezuckerte Getränke wie Cola und Limo sind bereits so voll gepackt mit allerlei Ballast, dass sie nicht mehr in der Lage sind, helfend in den Stoffwechsel einzugreifen, sondern ihn belasten: Zum Waschen nehmen wir ja auch klares Wasser und kein Zuckerwasser. Achten Sie daher besonders auch auf die Qualität Ihrer Flüssigkeitszufuhr. Denn wie Sie bereits erfahren haben: Nicht alles, was aus H_2O besteht, ist auch wirklich gutes, reines und lebendiges Wasser!

Wichtige Tipps beim Wasserkauf:

Eine durchaus überlegenswerte Alternative zum Kauf guter Wässer ist die Aufbereitung des heimischen Trinkwassers. In dem vorangegangenen Kapitel fanden Sie viele Anregungen und Tipps, wie Sie Ihr Trinkwasser veredeln können.

Mancherorts ist die Qualität des Trinkwassers sogar so gut, dass eine energetische Aufbereitung vollkommen ausreichend erscheint. Grundsätzlich gilt frisches Quellwasser natürlich als das »Nonplusultra« unter den Wasserkennern, aber nicht jeder hat das Glück in der Nähe einer Quelle zu leben oder hat die Zeit zum Abfüllen. Lesen Sie nachfolgend wichtige Tipps, die Sie beim Einkauf von gutem Wasser unterstützen sollen:

Das Beste, was Sie für Ihre Gesundheit tun können, ist reines Wasser ohne irgendwelche Zusätze zu trinken

Kaufen Sie stilles Wasser!

Kaufen Sie vorzugsweise stilles, mineralarmes Wasser. In Naturkostläden können Sie auch abgefülltes, qualitativ sehr hochwertiges Quellwasser kaufen.

Kohlensäure meiden! Mit Kohlensäure versetztes Wasser mag vielleicht einen gewissen Hauch von Lebendigkeit versprühen – aber außer dem zischenden Geräusch beim Öffnen und dem Prickeln im Mund, ist von diesen Wässern nichts weiter zu erwarten. Im Gegenteil: Die Kohlensäure wirkt säuernd auf den Organismus und kann sogar ein vormals als energetisch hochwertig geltendes Wasser in seiner Struktur zerstören.

Wasser als Heilmittel

Die gesundheitsfördernden Eigenschaften des Wassers machen beim Trinken noch lange nicht halt. Deswegen möchte ich Ihnen an dieser Stelle auch die äußerlichen Wasseranwendungen vorstellen, die von alters her beeindruckende Resultate in Sachen Heilung aufweisen.

Der »Wasserdoktor« und Pfarrer Sebastian Kneipp (1821-1897) erprobte kurze Tauchbäder in der eiskalten Donau zuerst an sich selbst

Als Pionier und Vorreiter der Wassertherapie gilt immer noch Pfarrer Kneipp. Seine Güsse, Wickel und Wechselbäder sind nahezu legendär.

Im Folgenden finden Sie einen kleinen Überblick zur Philosophie und den Anwendungsmöglichkeiten der Kneipp-Therapie.

Die Wassertherapie nach Kneipp

Die Kneipp-Hydrotherapie bietet ein breites Einsatzgebiet von äußerlichen Wasseranwendungen. Darunter fallen Waschungen, Güsse, Voll- und Teilbäder, Wickel, Auflagen und Packungen, Taulaufen, Wassertreten und Schneegehen. Alle Kneipp'schen Anwendungen basieren auf dem Wechsel von warm und kalt. Kalte Wasseranwendungen folgen dem Prinzip: warm – kalt – warm. Also, kalte Wasseranwendungen nur bei war-

Entschlackung

In der Ayurvedischen Medizin wird abgekochtes, heißes Wasser zur Entschlackung und Fiebersenkung verwendet. Das regelmäßige Trinken dieses mindestens 10 Minuten gekochten Wassers, reinigt den Körper, fördert die Schweißproduktion und wirkt entgiftend. Ausschlaggebend ist nicht die Menge, sondern wie oft Wasser getrunken wird: Jede halbe Stunde sollten zwei bis drei Schluck davon getrunken werden.
Tipp: Fügen Sie einer Tasse Wasser 2 bis 4 Tropfen ayurvedisches Minzöl zu. Das befreit verstopfte Nasen, erleichtert das Atmen, belebt und stärkt die Selbstheilungskräfte sowie die Verdauung.

Allgemeine Regeln für alle Güsse:

1. Nie einen kalten Guss auf kalte Haut oder bei Kältegefühl oder Frösteln ausführen. In solchen Fällen warm vorgießen, oder besser noch - wie zu Kneipps Zeiten - sich durch Bewegung zunächst die nötige Körperwärme holen.
2. Der Gussraum muss gut warm sein. Kein Zugwind!
3. Anwendungen in Ruhe durchführen. Motto: »Beim Guss halt's Maul, sonst ist die Wirkung faul«. (Sebastian Kneipp)
4. Vor dem Guss ein- und mit Beginn des Gusses langsam wieder ausatmen. Ruhig weiteratmen.
5. Nie unmittelbar nach dem Essen oder vor/nach körperlichen Anstrengungen gießen.

mem Körper durchführen! Nach einer kurzen Kaltanwendung erfolgt Wiedererwärmung durch Bewegung oder Bettruhe. Kneipp versuchte mit kleinsten Reizen die größtmöglichen Effekte zu erzielen. Bei der Kneipp-Kur wird vor allem das Gefäßsystem trainiert.

Die Kneipp'schen Güsse

Die Kneipp'schen Güsse sind eine sehr gute Möglichkeit, die verschiedensten akuten oder chronischen Leiden mit einfachen, aber höchst wirkungsvollen Mitteln zu behandeln. Mit den Kneipp'schen Güssen wird der Wärmehaushalt des Körpers ins Gleichgewicht gebracht. Wärme- oder Kältereize des Wassers sprechen die Hautnerven über das vegetative Nervensystem an. Dieses vom Willen unabhängige Nervensystem wirkt über die Reflexzonen der Haut auch auf die Organe ein.

Man unterscheidet kalte, wechselwarme, warme und ansteigend heiße Güsse. Dabei gilt immer: nur so viel Wärme wie nötig und so viel Kälte wie möglich. Die richtige Temperatur eines Gusses hängt ganz vom eigenen Empfinden ab. Kneipp übermittelt uns folgende Güsse: Knie-, Schenkel- oder, Armguss. Oberguss, Vollguss, Kopf- oder Gesichtsguss sowie den Rücken- und den Nackenguss.

Der Gießort wird an die vorliegende Krankheit angepasst. Mit dem Knie-

»Wie jedoch jeder einzelne Guss auf einen bestimmten Körperteil eine bestimmte Wirkung ausübt, so kann hier wiederum durch Anwendung verschiedener Güsse auf den ganzen Körper eingewirkt werden.«

Sebastian Kneipp, Mein Testament, 1895

oder Schenkelguss werden die Organe im kleinen Becken oder Bauch angesprochen. Oberguss, Armguss und Rückenguss wirken insbesondere auf die Brustorgane Herz und Lunge sowie auf den Kopf.

Licht

IV. Licht – Ursprung und Quell des Lebens

Das Sonnenlicht ist neben dem Wasser die treibende und nährende Kraft allen Lebens. Alles Leben unterliegt dem Rhythmus der Sonne. Das Sonnenlicht mit seinem unglaublich breiten Wellenspektrum schenkt uns nicht nur das Leben, sondern ist maßgeblich an der Erhaltung der Gesundheit jedes Lebewesens beteiligt.

Obwohl sich Gelehrte und Physiker seit Menschengedenken mit dem Geheimnis des Lichts beschäftigen und es erforschen, gibt es immer wieder neue Rätsel auf. So ist es kein Wunder, dass Wissenschaftler manchmal auch philosophische Gefilde betreten, um sich der Natur des Lichts anzunähern. Ebenso interessant ist es aus heutiger Sicht zu beobachten, dass die großen Kulturen wie zum Beispiel die alten Ägypter bereits vor tausenden von Jahren ein annähernd so profundes Wissen über das Licht hatten, wie die Quantenphysiker von heute. Nicht weniger erstaunlich sind die von Jakob Lorber Mitte des 19. Jahrhunderts beschriebenen therapeutischen und

Die Natur liefert uns immer wieder eine farbenprächtige Demonstration davon, dass alles was wir sehen »nur« eine Illusion aus Licht ist

physikalischen Eigenschaften des Lichts. Noch lange bevor sich der geniale Physiker Albert Einstein im Jahre 1921 mit der Entdeckung des photoelektrischen Effekts den Nobelpreis für Physik verdiente, brachte Lorber die exakte Beschreibung dieses Geschehens zu Papier. Heute scheinen sich Wissenschaftler und Philosophen bei der Betrachtung des Lichts bereits die Hand zu reichen, der Kreis schließt sich.

Licht in Kultur und Religion

Auf unserem Planeten Erde ist das Sonnenlicht die fundamentalste Voraussetzung für jegliches Leben. Alles in unserem Universum ist aus dem Licht geboren. Wenn wir diesen Gedanken weiter verfolgen, könnten wir zu dem Schluss kommen, dass im Licht die Intelligenz der Natur – oder anders ausgedrückt – die Natur Gottes beheimatet ist.

Wohin wir auch blicken, alle großen Religionen weisen auf den Zusammenhang von Licht und Leben hin. In der Schöpfungsgeschichte heißt es, zuerst war das Wort und dann sprach Gott »Es werde Licht«.

Die griechische Sonnenstadt Heliopolis war berühmt für ihre Tempel der Heilung, in denen das Sonnenlicht in die verschiedenen Spektralfarben zerlegt wurde. Für unterschiedliche Beschwerden oder Leiden standen den Ärzten ganz spezielle Farbbereiche für die Therapie zur Verfügung. Herodot, be-

Der Geschichtsschreiber Herodot (490-430 v. Chr.) berichtet in seinen Schriften von den Anfängen der Sonnentherapie

richtet in seinen Schriften von den Anfängen der »Sonnentherapie«. Er schrieb »Wer sich von einer Krankheit erholen will oder an Gewicht zunehmen möchte, der solle sich der vollen Sonnenstrahlung aussetzen«.

In der heutigen Zeit, in der wir die schützende Ozonschicht der Erde durch Kohlenmonoxydausstoß attackieren und so der vollen Kraft der energiereichen UV-Strahlung ausgeliefert sind, hört sich diese Aufforderung für viele geradezu selbstmörderisch an. Aber – auch hier gilt – die Dosis macht das Gift. Wir haben nur verlernt, mit dem Sonnen-

licht auf natürliche Art und Weise im Einklang zu sein. Im nächsten Kapitel finden Sie daher auch viele Tipps für einen gesunden Umgang mit dem lebensnotwendigen Sonnenlicht.

Jede Zelle besteht aus Licht

Obwohl sich die alten Hochkulturen über die tiefere Bedeutung des

Die Original-Versuchsanordnung von Professor Alexander Gurwitsch mit der Zwiebelspitze hinter Glas

Lichts sehr wohl bewusst waren, konnte die moderne Wissenschaft erst Anfang des 20. Jahrhunderts erkennen und beweisen, was die Alten bereits wussten – nämlich, dass alles Leben aus dem Licht geboren wurde und jede Zelle aus Licht besteht bzw. Licht abstrahlt.

Der russische Mediziner Professor Alexander Gurwitsch

Licht in der Dunkelheit

Alles in unserem Universum besteht aus Licht, aus winzigen, schwingenden und leuchtenden Elementarteilchen. Wenn sich auch die Tiefe des Weltalls für unsere Augen als dunkelstes Schwarz zeigen mag und wenn sich auch in den Tiefen des Mikrokosmos die einzelnen Lichtteilchen im angenommenen Nichts verlieren – sobald der Blick sich schärft und wir mit geeigneten Hilfsmitteln in der Lage sind, die entsprechenden Größen wahrzunehmen, können wir selbst in der größten Dunkelheit Licht erkennen. Ob es das Leuchten der Sterne oder weit entfernter Galaxien im Universum ist oder ob es das zarte Licht der Zellen im Mikrokosmos ist – Licht ist in der tiefsten Dunkelheit. Jede Zelle strahlt ein zartes Licht aus. Und wären wir in der Lage, ein Glühwürmchen aus 20 Kilometer Entfernung leuchten zu sehen, dann würden wir auch sehen, wie jede Zelle unseres Körpers in ihrem eigenen Licht erstrahlt. Lediglich unsere beschränkte Wahrnehmung hindert uns daran, dieses faszinierende Schauspiel zu erkennen.

Im Jahre 1922 konnte der russische Mediziner, Professor Alexander Gurwitsch dieses Phänomen zum ersten Mal an Zwiebelwurzeln feststellen. Gurwitsch stellte ein beschleunigtes Wachstum bei Zwiebeln fest, wenn die Spitze einer anderen Zwiebelwurzel auf sie gerichtet war. Um eine chemische Beeinflussung der beiden Zwiebeln auszuschließen, trennte er diese durch Quarzglasscheiben. Das Interessante war nun, dass bei der Verwendung von Fensterglas, dieses Phänomen plötzlich ausblieb. Als er das Fensterglas aber durch Quarzglas ersetzte, vermehrten sich die Zellen auf der einen Seite wieder stärker. Der Unterschied zwischen Quarz- und Fensterglas besteht unter anderem darin, dass Fensterglas die Eigenschaft besitzt UV-Licht zu filtern. Folgerichtig musste sich die von Gurwitsch gesuchte Kraft also irgendwo in einem UV-Licht durchlässigen Wellenbereich befinden.

Es sollte noch mehr als 50 Jahre dauern, bis von deutschen Biophysikern unter der Leitung von Professor Fritz-Albert Popp mit modernsten Forschungsmethoden der Beweis erbracht werden konnte, dass es sich bei der von Gurwitsch gesuchten Kraft tatsächlich um Licht handelt. Popp eröffnete mit dieser bahnbrechenden Erkenntnis eines der spannendsten Kapitel der neuzeitlichen Biophysik. Heutzutage ist die Existenz der Biophotonen-Strahlung, wie Popp sie nannte, international anerkannt und wird auch an vielen Hochschulen erforscht.

Heute weiß man, dass jede organische Zelle ein äußerst schwaches, aber kohärentes Licht abstrahlt. Biophysikalisch betrachtet, sprechen wir hier von einem streng geordneten Licht, wie es beispielsweise auch bei Laserstrahlen zum Einsatz kommt. Das Laserlicht können wir uns als Informationsvermittler und Informationsträger gleichermaßen vorstellen. Es ist zugleich Autobahn und der auf ihr stattfindende Ver-

> »Wo die Sonne nicht hinkommt,
> ist der Doktor nicht weit«
>
> Dr. Jacob Liberman

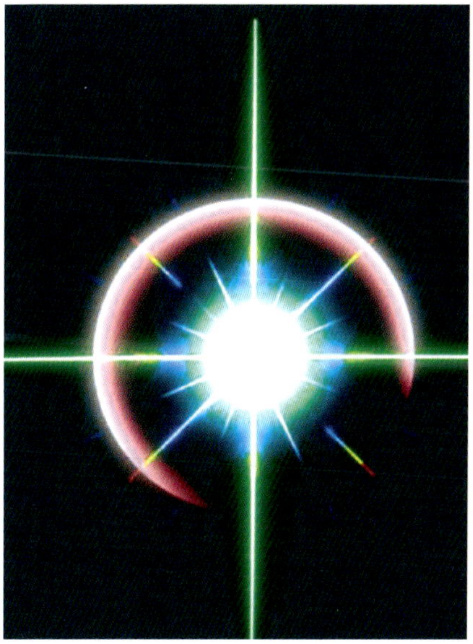

Jede lebendige Zelle strahlt ganz schwaches aber stark gebündeltes Licht ab. Wenn die Zelle erkrankt, nimmt die Stärke der Strahlung ab.

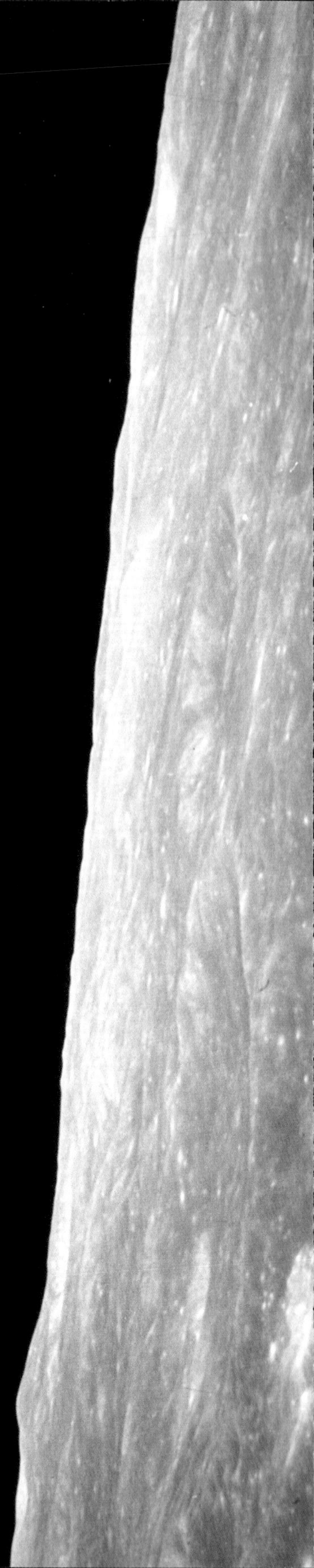

kehr. Dank dieser besonderen Eigenschaft ist es hervorragend zum Informationsaustausch geeignet. Die Informationen können nämlich so in Lichtgeschwindigkeit und unabhängig von vorhandenen Transportwegen übermittelt werden.

Lichtmangel – Grund für Krankheit?

Jede Zelle strahlt nicht nur Licht aus, sondern sie wird auch von Licht genährt. Neben dem bekannten materiellen Stoffwechsel der Zelle gibt es einen wesentlich feinstofflicheren Energieaustausch. Dieser findet auf Lichtebene statt. Ist also das Prana der Inder oder das Chi der Chinesen die Lichtnahrung unserer Zellen? Sind diese jahrtausende alten Beschreibungen des Lebenselixiers gleichbedeutend mit der Energie, die Popp Biophotonen nennt? Sehr vieles spricht dafür.

Jüngste Forschungen zeigen, dass dem Licht im menschlichen Körper eigentlich alle Aufgaben zufallen. So steht für viele Biophotonen-Forscher fest, dass Krankheit auf einen Lichtmangel der Zelle zurückzuführen ist. Als Lichtmangel bezeichnet man in der Biophysik sowohl den Energiemangel (Photonendefizit) der Zelle, als auch Störungen im Bereich der Kommunikation. Licht ist nämlich nicht nur für die Ernährung der Zellen, sondern auch für die Informationsübertragung zuständig. Krankheit geht immer mit Veränderungen im Gewebe, mit Stoffwechselstörungen und/oder subjektiven Beschwerden einher, die allesamt auf eine Störung im Informationsaustausch der Körperzellen unter-

Die Doppelnatur des Lichts
Lange Zeit waren sich die Wissenschaftler nicht darüber einig, ob das Licht aus Teilchen, also aus Korpuskeln oder aus Wellen, sprich elektromagnetischen Schwingungen besteht. Erst im Jahre 1925 erkannte der französische Nobelpreisträger der Physik (1929), Louis de Broglies die Doppelnatur des Lichts. Seit dieser Zeit weiß man, dass Licht sowohl Materie als auch Welle ist. Somit konnte die Seelenverwandtschaft von Licht und Masse (Materie) auch physikalisch nachgewiesen werden. Sollte der umstrittene Mathematiker und Naturwissenschaftler Bernhard Bavink mit seiner Vermutung also doch Recht behalten, dass die moderne Physik sich immer mehr dem Weltbild der mittelalterlichen Mystiker annähert, die behaupteten, die Welt bestehe aus gefrorenem Licht?

einander zurückzuführen sind. Dabei ist die Kommunikationsstörung der Zellen untereinander schon lange vor dem eigentlichen Ausbruch der Krankheit vorhanden. Auf gut Deutsch würde man sagen: Zwischen den einzelnen Zellen und Zellverbänden herrscht schon lange dicke Luft. Wen erinnert das nicht an das getrübte Verhältnis zum ewig nörgelnden Nachbarn oder an

Die Zelle als Kommunikationssystem

Alle Systeme im menschlichen Körper werden offensichtlich von einer höheren Kraft inspiriert, aber sie regulieren sich auch selbst untereinander. Wie wir wissen, werden Informationen in Form von Licht an unsere Zellen weitergegeben. Jede Zelle besitzt eine speziell dafür abgestimmte Sende- und Empfangsanlage, die DNA (Desoxyribonukleinsäure). Dank der ihr eigenen Doppelhelix-Struktur eignet sich die DNA hervorragend gleichzeitig als Antenne und Sendeanlage. Die Photonenstrahlen können in jeder Position optimal eingefangen werden.

Streitigkeiten innerhalb von Parteien und Verbänden. Hier wie dort ist die Ursache von Unverständnis, Streit oder Disharmonie eigentlich ganz einfach auf einen Nenner zu bringen – aus Sicht der Zelle könnte man sagen: Fehlinformation oder mangelnde Liebe sorgen für ein schlechtes Betriebsklima. Erst wenn Licht ins Dunkel kommt, kann man sich wieder besinnen und Heilung kann geschehen.

Kommunikation in Lichtgeschwindigkeit

Der menschliche Körper verfügt über eine Vielzahl von Organen, mehreren hundert Knochen sowie über eine Vielzahl von Muskeln. Im Sekundentakt sterben und entstehen mehrere Millionen Zellen. Alle Organe und Zellverbände stehen ständig miteinander in Verbindung. Jede Zelle empfängt pro Sekunde mehrere tausend Botschaften. Die Information zwischen den Zellen geht mit Lichtgeschwindigkeit (300 000 km/s!) vonstatten. Nur so ist der menschliche Körper überhaupt in der Lage, die etwa zehn Millionen Zellen, die in unserem Organismus pro Sekunde zugrunde gehen, zu entsorgen und durch neue zu ersetzen. Dabei scheint sich in unseren Körperzellen eine Art Nachrichtendienst entwickelt zu haben, der mit größter Geschwindigkeit und höchster Effizienz Informationen im Organismus übermit-

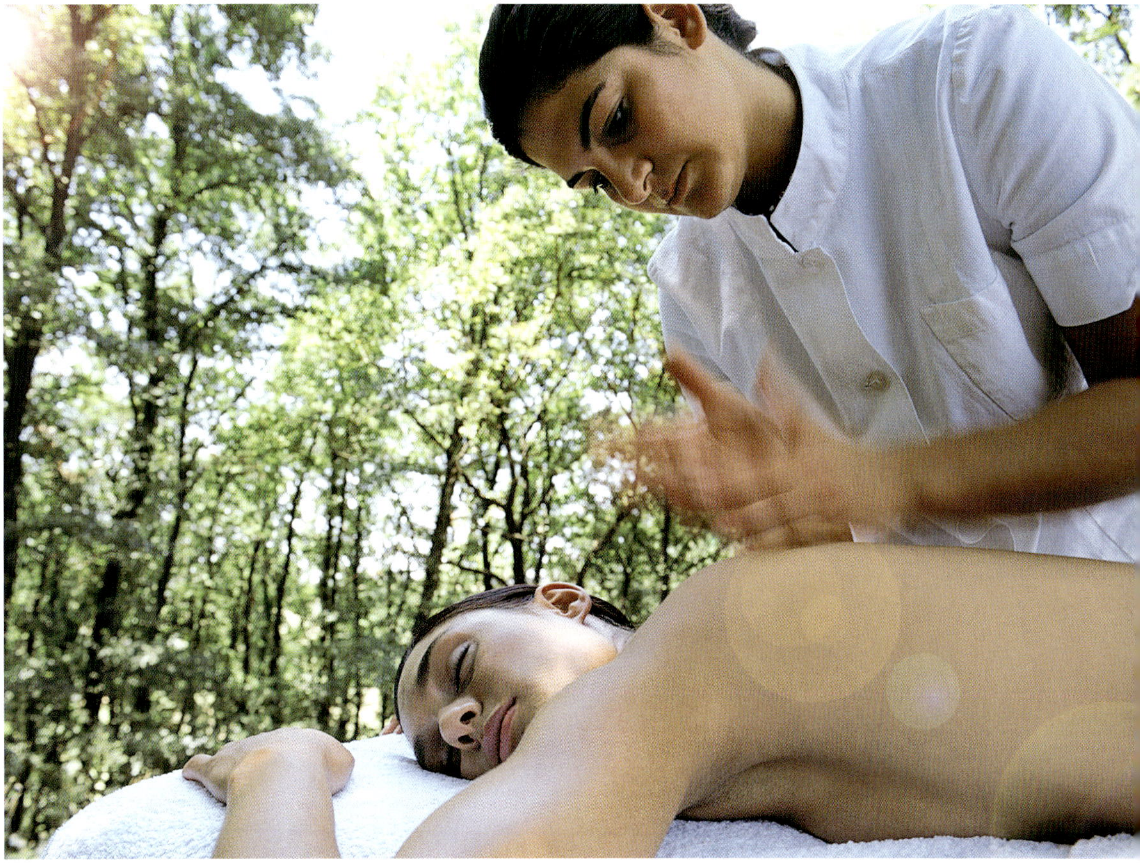

telt und biologische Prozesse steuert. Nur eine dem Laserlicht ähnliche Übertragungsmethode kann diesen Aufgaben gerecht werden. Eine Informationsübertragung oder gar Steuerung über biochemische Kanäle ist in dieser Größenordnung nicht mehr möglich.

Energiebahnen aus Licht – die Meridiane

Wenn jede einzelne Zelle aus Licht besteht, könnte man sich auch einen nicht materiellen, ätherischen Körper vorstellen, der ein Abbild des materiellen Körpers ist. So wie unser materieller Körper über ein ernährendes Gefäßsystem verfügt, könnte dieser imaginäre Lichtkörper über nicht sichtbare Energie-

Die Energiebahnen des Körpers, die Meridiane, können auch über Massagen stimuliert werden

bahnen versorgt werden: In der chinesischen Medizin kennt man diese Energiebahnen schon seit tausenden von Jahren unter dem Namen Meridiane. Auf diesen gibt es, vergleichbar mit unseren modernen Autobahnen, eine Vielzahl von »Rastplätzen«. Das sind die Akupunkturpunkte. Der menschliche Körper ist mit ungefähr 700 dieser Punkte versehen. Die meisten sind auf wenige Quadratmillimeter beschränkt. Andere haben jedoch eine durchaus stattliche Größe von ca. einem Quadratzentimeter. Über diese Akupunkturpunkte lässt sich beispielsweise ein unausgeglichener Energiezustand regulieren.

Licht durchdringt alles

Licht ist im Stande, den menschlichen Körper zu durchdringen. Schon seit längerem weiß man, dass bestimmte Wellenbereiche des Lichts selbst durch den Schädel ins Innere des Kopfes eindringen und so die Zirbeldrüse stimulieren – oder sollte man besser sagen, informieren. Ultraschwache Photonenemissionen konnten in wissenschaftlichen Versuchsanordnungen nahezu verlustfrei tausende von lebenden Zellen durchdringen. Auch bei der Entwicklung eines Fötus dringt das Licht bis in die Gebärmutter vor. Insbesondere bei der Entwicklung neuen Lebens kommt der ernährenden und informierenden Rolle des Lichts eine sehr bedeutende Aufgabe zu. Mit anderen Worten: Das menschliche Gewebe ist für das Licht durchlässig wie ein Sieb.

Die Sonne spendet Kraft und Lebensfreude und sie betimmt den Rhythmus der Natur

In der chinesischen Heilkunde kennt man entweder ein Zuviel oder ein Zuwenig an Energie. Über die Stimulierung bestimmter Punkte kann das gesamte Energiesystem des Organismus in Lichtgeschwindigkeit bis in die Zelle reguliert werden. Licht dient hier als Informationsträger. Es dringt direkt in den Zellkern ein und veranlasst dadurch die Zelle, eine entsprechende Reaktion herbeizuführen. Grundvoraussetzung für eine reibungslose Kommunikation ist allerdings, dass Zellen und Organe ausreichend mit Licht versorgt sind.

Der göttliche Bauplan
Informationen werden innerhalb unseres Körpers über das Licht übertragen. Sonnenlicht enthält genau die Energie und die Informationen, die das Leben benötigt. Das volle Spektrum des Sonnenlichts übermittelt heute, wie zu Beginn des Lebens, jeder Zelle jederzeit den göttlichen Bauplan – es informiert sie ständig über ihre Aufgabe. So wird beispielsweise ein Arnika-Pflänzchen dem Resonanzgesetz der Natur entsprechend genau die Arnika-spezifischen Lichtwellen aufnehmen. Eine Leberzelle im menschlichen Körper wird entsprechend ihrer Funktion auch nur die für die Leberzelle wichtigen Informationen aufnehmen. Obwohl über das Sonnenlicht sämtliche Informationen übertragen werden, ähnlich wie über das Internet alle Informationen übertragen werden können, pickt sich jede einzelne Zelle nur das für sie passende Wellenmuster heraus.

Die Kraft des Sonnenlichts

Der Mensch ist von Natur aus gewohnt, sich nach dem Rhythmus der Sonne zu richten. Erst durch die Sonne sind wir in der Lage, Zeit zu messen. Eine Umdrehung der Erde um die eigene Achse ist für uns ein Tag, und einen Umlauf der Erde um die Sonne nennen wir ein Jahr.

Jeden Tag aufs Neue weckt uns die Sonne, und mit den ersten Sonnenstrahlen öffnen sich die Blüten der Blumen und die Vögel beginnen zu zwitschern. Die Sonne belebt die Natur. Bis vor ungefähr 150 Jahren war die Sonne auch noch für den Menschen das Maß aller Dinge. Erst mit zunehmender Industrialisierung hat sich der Mensch über die natürlichen Grenzen des Tages hinweggesetzt. Die Elektrizität macht für uns die Nacht zum Tage und wir sind unabhängig geworden vom Licht und vom natürlichen Rhythmus der Sonne. So sehr wir auch von der Technik profitieren, so sehr haben wir unsere Natürlichkeit ver-

Die Wellenlängenbereiche von UV-Licht

Sonnenlicht besteht zu 10 Prozent aus unsichtbarem ultraviolettem Licht (UV-Licht), zu 40 Prozent aus sichtbarem Licht und zu 50 Prozent aus unsichtbarem Infrarot-Licht.

Entsprechend den Festlegungen des CIE (Comité International d´Eclérage) sind für die einzelnen Lichtarten Grenzen der Wellenlängenbereiche definiert.

I) Die UV-C-Strahlung. Sie hat eine Wellenlänge von 200 - 280 nm. UV-C-Strahlen werden normalerweise vollkommen von der Ozonschicht der Stratosphäre absorbiert. Auf Meereshöhe sind diese Strahlen nicht mehr nachweisbar. Weniger als ein Prozent erreichen die Erdoberfläche.
Die gesundheitliche Bedeutung von UV-C-Strahlen:

- sie zerstören Bakterien, Viren und andere Krankheitserreger, daher werden UV-C-Wellen unter anderem auch zum Desinfizieren medizinischer Geräte verwendet
- sie stärken das Immunsystem
- sie sind wichtig für körpereigene Reparatursysteme
- sie sind wichtig für die Sehzellen

II) Die UV-B-Strahlung. Sie hat eine Wellenlänge von 280 - 315 nm, UV-B-Wellen kommen nicht durch Fensterglas.
Die gesundheitliche Bedeutung von UV-B-Strahlen:

- sie spielen eine wichtige Rolle bei der Synthese von Vitamin D und bei der Aufnahme von Kalzium
- sie sind wichtig für das Immunsystem
- sie bieten Schutz vor Infektionen
- sie wirken vorbeugend gegen Krebs (z.B. bei der Bestrahlung von Eigenblut mit UV-B-Wellen)
- sie sind für Sonnenbrand und Spätbräunung verantwortlich

III) Die UV-A-Strahlung. Sie wird in zwei Kategorien unterschieden, die jedoch beide Fensterglas durchdringen.

- UVA-2-Licht hat eine Wellenlänge von 315 bis 340 nm
- UVA-1-Licht hat eine Wellenlänge von 340 bis 400 nm

Die gesundheitliche Bedeutung der UV-A-Strahlen:

- sie sind wichtig für das Immunsystem
- sie sind verantwortlich für Frühbräunung und Sonnenbrand bei längerer Sonneneinstrahlung

loren. Zunächst verlagerten wir unser Leben immer mehr in von Wind und Wetter geschützte Räume. Dabei verbannten wir aber auch einen großen Teil des Lichts aus unserem Leben.

Lebenswichtig: UV-Licht

Früher wurden Menschen durch Lichtentzug bestraft, man steckte sie in dunkle Kerker, was nicht selten zu lebensbedrohlichen Zuständen führte. Heutzutage geht der Lichtentzug schleichend, auf Etappen und vor allem unbewusst vonstatten, denn die meisten Menschen sind sich gar nicht über den entstandenen Lichtmangel bewusst. Dass Licht aber nicht gleich Licht ist, wird spätestens dann deutlich, wenn es um lebendige Prozesse, wenn es um Wachstum geht. Dann können wir unseren Körper nicht mehr so einfach überlisten. Wachstum lässt sich nämlich nicht von Helligkeit blenden: Alles Leben braucht das für unser menschliches Auge gar nicht sichtbare UV-Licht.

Licht hat in den mit dem bloßen Auge nicht wahrnehmbaren Wellenbereichen wichtigste Aufgaben zu erfüllen: Ob im Pflanzen-, Tier- oder Menschenreich, ohne UV-Licht gibt es kein Leben.

Doch heutzutage wird das Wirkspektrum des Sonnenlichts weitgehend reduziert. Wer bekommt denn noch das gesamte Spektrum des Sonnenlichts zu Gesicht? Wie viele Menschen haben denn noch die Möglichkeit, unter freiem Himmel zu arbeiten? Unser Leben spielt sich doch zunehmend in geschlossenen Räumen ab. Der moderne Mensch entwickelt sich langsam aber sicher immer mehr zurück zum »Höhlenmenschen«. Wer kann denn noch von sich behaupten, dass er auf diesem Planeten unter Gottes Sonne lebt? Wir fahren mit dem Auto oder der Bahn zur Arbeit und dann verbringen wir den Rest des Tages hinter dem Computerbildschirm. Viele kommen nicht einmal mehr während der Mittagspause an die

Das Leben spielt sich heute vorwiegend in geschlossenen Räumen ab

Störfeld: Elektrosmog

Ob Radiowellen oder Ultraschall, ob Mikrowelle oder Funktelefone. Es gibt heute auf der ganzen Erde kaum einen Platz, der nicht von elektromagnetischen Wellen durchdrungen ist. Die Folgen dieser Attacken werden immer deutlicher sichtbar. Die sensiblen »DNA-Antennen« sind häufig nicht mehr in der Lage, die ursprünglichen Lebensinformationen vollständig zu erhalten. Wir alle kennen eine ähnliche Situation, wenn Funkwellen bei der Übertragung durch Witterungseinflüsse oder andere starke Sendeanlagen gestört werden. Das Fernsehbild verschwimmt oder das Telefongespräch ist aufgrund lauter Störgeräusche nicht mehr zu verstehen. Immer wenn sich elektromagnetische Schwingungen in die Quere kommen, wird der Informationsgehalt in seiner Gesamtheit gestört und die Informationen werden meist völlig unbrauchbar. Das eigentlich harmonische Zusammenspiel von Sender und Empfänger ist gestört.
Solange die menschliche Zelle noch ausreichend mit Lichtenergie versorgt wird, kann sie ihrer Aufgabe voll und ganz gerecht werden. Wenn die lebensspendenden Energien allerdings zu stark verunreinigt oder verfälscht werden, leidet die kleinste Einheit des Organismus Mensch, die Zelle und kann ihrer eigentlichen Funktion nicht mehr nachkommen.

frische Luft, da sie entweder in die mit Kunstlicht versehene Kantine gehen oder sie ihr Mittagssüppchen direkt am Arbeitsplatz kochen und verzehren. Auf diese Weise versagen wir unserem Körper, insbesondere in der kalten Jahreszeit, einen ganz wesentlichen Teil des vollen Lichtspektrums.

Mit der Erfindung der Glühbirne durch Thomas Alva Edison im Jahre 1879 begann für die Menschen ein neues »Lichtzeitalter«. Das Leben verlagerte sich mehr und mehr in geschlossene Räume. Normalerweise wäre ein Mindestaufenthalt von zwei Stunden pro Tag im Freien bei Sonnenlicht vonnöten. Noch vor 100 Jahren verbrachten die Menschen auch in unseren Breiten etwa 90 Prozent ihrer Zeit im Freien. Heute bringen es viele noch nicht einmal auf 10 Prozent.

Jeder, der schon einmal im Internet gesurft ist, weiß die Fähigkeiten von Filtern wie sie zum Beispiel eine Suchmaschine wie »Google« zu bieten hat zu schätzen. Diese Filter erzeugen aufgrund unserer gezielten Eingabe und den damit verbundenen speziellen Wünschen eine Resonanz zum Angebot. Sie liefern uns alles, was auch nur im Entferntesten mit unserem gesuchten Thema zu tun hat. Die Besonderheit der Zelle wirkt auf das Sonnenlicht wie eine spezifische Suchanfrage im Internet. Die Zelle wie die Suchmaschine filtern genau den Anteil des Lichts oder der Information heraus, den sie für ihre persönlichen Zwecke benötigen.

Gefährliche UV-Strahlen?

Gerade im Hinblick auf das immer größer werdende Ozonloch wird von allen Seiten vor zu hoher Sonnenbestrahlung gewarnt. Die Folgen: Sonnencremes mit chemischen Lichtschutzfaktoren bis hin zu Sunblockern, Sonnenbrillen mit UV-Schutz oder gar komplette Sonnenabstinenz! Was aber kaum einer weiß: Wissenschaftlich ist nicht nachgewiesen, dass Sonnencremes vor Hautkrebs schützen. Studien weisen zudem auf, dass bei Bevölkerungsschichten mit dem höchsten Verbrauch an Sonnenschutzcremes auch die meisten bösartigen Melanome zu verzeichnen sind. Diese treten aber nicht an den Stellen auf, die der Sonneneinstrahlung ausgesetzt waren, sondern vor allem an Körperzonen, die dem Sonnenlicht kaum oder gar nicht ausgesetzt waren wie z.B. Kniekehlen oder Achselhöhlen.

Naturheilkundige haben hierfür folgendes Erklärungsmodell: Unser Körper bekommt keine eindeutigen Informationen. Über die Augen nehmen wir andere Lichtmengen auf, als über die Haut. Wenn wir den Körper mit Sonnencremes mit Lichtschutzfaktor 20 oder 30 einreiben, filtern wir nämlich an diesen Stellen das entsprechende UV-Licht heraus.

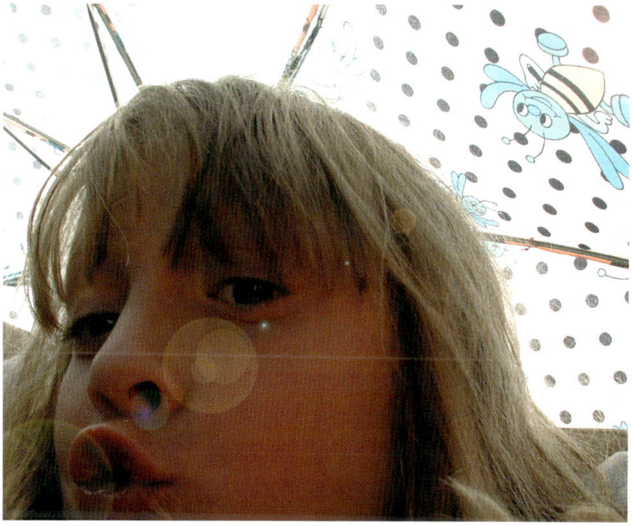

Wenn es geht, sollten Kinder mit natürlichen Mitteln vor zu starker UV-Strahlung geschützt werden bzw. behutsam daran gewöhnt werden

Über die Sinneswahrnehmung wie zum Beispiel die Temperatur oder die Helligkeit findet daher eine Informationsdiskrepanz statt. Der Körper reagiert so, als hätte er keinen zusätzlichen UV-Schutz, da er diesen von Natur aus nicht kennt. Dementsprechend laufen biochemische Prozesse ab, die nicht im Einklang mit dem tatsächlichen Ereignis stehen. Wen wundert es da, wenn nach so viel Fehlinformationen vereinzelte Zellen verrückt spielen?

Wenn die Sonne zu stark scheint, ist der wohl dosierte Einsatz von Sonnenschutzcreme an Problemstellen meist unerlässlich

Es soll hier aber nicht der Eindruck erweckt werden, dass die Verwendung von Sonnenschutzcremes generell zu verdammen ist. Ich möchte es aber nicht versäumen, darauf hinzuweisen, dass vor allem der gedankenlose Gebrauch von Sonnencremes Gefahren birgt. Idealerweise schützen Sie sich und vor allem Ihre Kinder vor starker UV-Strahlung, indem Sie sich langsam an die Sonne gewöhnen. Kappen, Schirme oder T-Shirts bieten für den Anfang guten Schutz. Manchmal kann der Einsatz von Cremes tatsächlich schwer vermieden werden. Bei Gebirgswanderungen, Fahrradtouren oder beim ersten Badespaß im Süden können Sonnencremes vor gefährlichen Verbrennungen bei zu intensiver Sonnenstrahlung schützen. Hier ist ein sparsamer und wohl dosierter Gebrauch immer noch besser als verbrannte Haut.

Der vernünftige Umgang mit dem Sonnenlicht ist für die Gesundheit nicht nur förderlich, sondern lebenswichtig. Trotz größer werdendem Ozonloch dürfen wir die Sonne nicht aus unserem Leben verbannen – viel wichtiger ist, den gesunden Umgang mit dem Sonnenlicht neu zu überdenken und zu lernen.

So versorgen Sie sich mit Lichtenergie

Mit der Sonne ist es wie mit allem anderen auch – die Dosis macht das Gift – wie Paracelsus treffend formulierte. Machen Sie sich zunächst klar, dass Sonnenbaden keine Sportart ist, sondern dass die Lichttherapie viel mehr unserer Gesundheit dient: Die Sonnenlicht-Energie wirkt sich nämlich nicht nur auf unsere physiologischen Aktivitäten und Stimmungen aus, sondern sie aktiviert zudem die Abwehrkräfte und stärkt nachweislich das Immunsystem. Gewöhnen Sie sich im Urlaub ganz langsam an die klimatischen Verhältnisse und genießen Sie die Sonne besonders in den Morgenstunden: Mediziner fanden heraus, dass die Sonnenstrahlen in der Morgenstunde, kurz nach Sonnenaufgang, für unsere Gesundheit und Psyche am zuträglichsten und für die Haut am wenigsten belastend sind. Verbringen Sie den Rest des Tages zunächst im Schatten und steigern Sie die Sonnendosen von Tag zu Tag. Auch im Schatten kann Ihr Organismus die Kraft der Sonnenenergie für seine Stoffwechselaktivität nutzen.

Wenn Sie Ihre Haut auf diese Art und Weise sanft an die Sonne gewöhnen, benötigen Sie Sonnenschutzmittel mit Lichtschutzfaktoren vielleicht nur noch an ganz exponierten Stellen wie z.B. Nasenrücken oder Ohren.

Und wär' das Aug nicht sonnenhaft

Wer denkt in diesem Zusammenhang schon daran, dass das gesamte Blut des menschlichen Körpers nach und nach am Auge vorbeifließt und wir alleine durch die ungefilterte Aufnahme des Sonnenlichts über die Augen einen erheblichen Teil für unsere Gesundheit beitragen können? Doch stattdessen filtern wir mit Sonnenbrillen oder optischen Brillen das UV-Licht heraus. Tatsache ist, das energiereiche ultraviolette Licht kann kaum einfacher und kostengünstiger als über die Augen aufgenommen werden: Der menschliche Körper reagiert auf Sonnenlicht wie eine Photozelle, so wie diese, bezieht auch er seine Lebensenergie aus der Sonne.

Das Bad in der Sonne versorgt den Körper mit lebenswichtiger Energie. Aber Vorsicht! Gewöhnen Sie sich langsam an die Sonne. Nicht zu viel auf einmal!

Weitere Tipps für mehr Licht!

- Mindestens zwei Stunden täglich Sonnenlicht tanken – nicht nur im Urlaub oder im Sommer! Ideal: Spaziergänge bei frischer, sauerstoffreicher Luft.
- Verwendung von Vollspektrum-Lampen (Biolicht) in allen Innenbereichen.
- Sonnenhellmittel wie zum Beispiel Lichtglobuli speichern die Sonnenenergie. Ihre Einnahme wirkt wie ein Lichtersatz.
- In der dunklen Jahreszeit können mäßige Solarienbesuche sinnvoll sein, wenn die Geräte UVA- und UVB-Strahlen zu gleichen Teilen abgeben. Auch die künstliche Sonne regt die Vitamin D-Produktion an.

Lichtenergie in Lebensmitteln

Auch über unsere Lebensmittel nehmen wir normalerweise Sonnenlicht (Energie, Prana) auf. Aber – welches Gemüse ist denn wirklich noch unter natürlicher Sonneneinstrahlung gewachsen? Wie viel Sonnenenergie steckt denn noch in unserer Nahrung, die wir täglich verzehren? Leider gibt es keine Kennzeichnungspflicht für Lebensmittel, ob diese unter natürlichem Sonnenlicht oder im Gewächshaus produziert wurden. Und wenn Obst tatsächlich aus dem sonnigen Süden kommt, wird die Lichtenergie häufig durch die dunkle und kühle Lagerung beim Transport, im Kühlhaus oder zuletzt zu Hause im Kühlschrank Stück für Stück vernichtet.

So werden die meisten Lebensmittel ihrem Namen, nämlich »Leben zu vermitteln« heutzutage nicht mehr gerecht, viel mehr widersprechen sie ihm, und weil vieles schädlich ist, könnte man sie manchmal sogar in die Kategorie der »Lebens-Vernichtungsmittel« einstufen.

Viele Substanzen, die wir über unsere so genannte Nahrung mit dem Essen aufnehmen, besitzen kaum noch Lebensenergie, sie sind tot. In den Supermärkten finden wir immer mehr verbrauchergerechte Konserven oder Fertiggerichte. Außerdem scheint es immer noch genügend Menschen zu geben, die ihren Lebensmitteln mit der Mikrowelle den Garaus machen. Und wenn sich auch die Lebensmittelchemiker noch so sehr darum bemühen, appetitanregende Duft-, Farb- und Geschmacksstoffe zu entwickeln – das, was die Nahrung zum Lebensmittel macht, bleibt dabei leider auf der Strecke – nämlich die Lebendigkeit, die Kraft und die Energie des Lichts. Je schlechter der energetische Zustand unserer Nahrung wird – umso mehr sollten wir uns um die direkte Aufnahme von Sonnenlicht bemühen und viel Zeit im Freien verbringen, um unseren Körper wieder bewusst mit dem ganzen Lichtspektrum zu versorgen.

Achtung: Lichtfresser!
Hier wird viel Lichtenergie verbraucht:

- Nikotin-, Alkohol- oder Drogensucht. Jedes Suchtverhalten fordert viel Lichtenergie auf Pump.
- Neben natürlichen Strahlungsquellen aus dem Weltall und von der Erde gibt es unzählige künstliche Frequenzen. Satelliten, TV-Sendeanlagen, Funktürme, Mobiltelefone etc. - senden nicht nur thermische Energie, sondern vor allem Frequenzen, welche die natürliche Wellenlänge des Sonnenlichtes beeinflussen. Die Harmonisierung dieser Interferenzen kostet viel Lichtenergie.
- Umweltbelastungen fordern große Mengen an Lichtenergie.
- Seelische Unausgeglichenheit durch z.B. Stress, rger, Frust, Zorn, Hass, Neid, Missgunst, Eifersucht, Sorgen, Leid oder Trauer hat Lichtmangel zur Folge.
- Ungewollte Aufnahme von Hormonen und Antibiotika über die Nahrungskette beeinflussen das seelische und körperliche Gleichgewicht. Höchster Energieaufwand wird zur Neutralisation nötig.
- Generell sorgt alles, was dem natürlichen Lebensrhythmus widerspricht, für einen erhöhten Bedarf an Lichtenergie.

Dick – aber nie satt? Mit jeder künstlichen Nahrung bürden wir unserem Körper zusätzlich Arbeit auf, da sie nicht in den lebendigen Zellverband unseres Organismus eingebaut werden kann. Für diesen Vorgang borgt sich der gesamte Organismus Lichtenergie bei seinen intakten Zellen. In der Gesamtbilanz geht dabei jedoch mehr Energie verloren als wir aufnehmen. Doch weil unser Organismus Lichtenergie benötigt, wird der Hunger immer größer – und der Leib fülliger.

Die Geschmäcker sind verschieden. Fest steht aber, Fast Food ist »licht- und leblose« Kost, die dem Körper keine Energie gibt, sondern ihn sogar belastet.

In den USA stellte das Center for Disease Control and Prevention (Zentrum zur Krankheitsprävention) fest, dass inzwischen 17 Prozent aller Todesfälle auf Fettsucht zurückzuführen sind und auch in Deutschland sind Herz- und Kreislauferkrankungen immer noch die häufigste Todesursache.

Nur die Bewusstheit darüber, dass uns lebendige lichtvolle Nahrung nährt, kann uns aus dieser Sackgasse helfen. Bis sich diese Botschaft bei vielen Menschen als Erkenntnis durchgesetzt hat, wird weltweit weiterhin alle vier Minuten eine neue Filiale einer Fast-Food-Kette eröffnet und Jugendliche werden mit leb- und lichtlosen Kalorienbomben gemästet.

Achtung: Sonnenlichträuber!

- Vermeiden Sie denaturierte Lebensmittel, bevorzugen Sie frisches Obst und Gemüse aus Freilandanbau.
- Bei der Aufbereitung von Lebensmitteln durch die Nahrungsmittelindustrie geht viel Lichtenergie verloren.
- Je länger Lebensmittel gelagert werden, desto mehr Lichtenergie verlieren sie.
- Lebensmittel, die erhitzt, pasteurisiert, gekocht, gebacken, gebraten oder eingefroren wurden verlieren ihre Lichtenergie.
- Mikrowellen vernichten jegliche Lichtenergie in der Nahrung. Wer Speisen zu verdauen hat, die mit Mikrowellen attackiert wurden, baut ein Lichtenergie-Defizit auf. Der Magen ist voll, aber der Akku bleibt leer!
- Künstlich hergestellte Nahrungsmittel enthalten so gut wie keine Lichtenergie.

Der Aufenthalt in der Natur unter freiem Himmel versorgt uns mit Lichtenergie

Es werde Licht – Heliotherapie

Sie haben bereits erfahren, wie wichtig es gerade heutzutage ist, die Sonne wieder auf unsere Haut, in unser Herz und all unsere Körperzellen zu bringen. Jetzt möchte ich Ihnen noch weitere effektive Möglichkeiten, Lichtenergie in unser Leben zu holen, vorstellen: Der »unbekannte Prophet« Jakob Lorber, oder der »Schreibknecht Gottes« wie er sich selbst nannte, hat uns vor rund 150 Jahren einen enormen Wissensschatz zum Thema Heliotherapie (Therapie mit Sonnenlicht) hinterlassen. Wer sich intensiv mit der Geschichte Lorbers beschäftigt, wird bald zu der Einsicht kommen, dass tiefste Wahrheit in seinen Schriften zu finden ist. Jakob Lorber, gilt heute als wichtiger Wegbereiter der »Heliopathie«. Lange bevor die Wissenschaft den Beweis für die Doppelnatur des Lichts erbringen konnte, erklärte Lorber bereits in seiner Neuoffenbarung »Licht ist Materie«: »Die Substanz ist gleich dem aus der Sonne gehenden Licht, das der Materie wie gar nichts zu sein scheint und dennoch der Grundstoff der Materie ist, ohne mit ihr ein und dasselbe zu sein, denn aller Urstoff ist frei und ungebunden.«

Sonnenvitamin D

Um Vitamin D selbst zu produzieren benötigt der Organismus ausreichend Sonnenlicht, denn über die Nahrung allein kann der Vitamin D-Bedarf nicht gedeckt werden. Vitamin D ist in seiner biologisch aktiven Form ein Hormon. Ein Mangel kann nicht nur Depressionen auslösen, sondern auch das Immunsystem schwächen, zur Entmineralisierung der Knochen führen, zu Gehörverlust und Muskelschwäche.
Häufig fallen gerade dunkelhäutige Mitmenschen in den mitteleuropäischen Breiten schnell in die Depression: Eine dunkle Haut resorbiert das Sonnenlicht wesentlich stärker, als helle Haut. Wenn hellhäutige Menschen leicht bekleidet für etwa 45 Minuten das Sonnenlicht genießen können, haben sie in dieser Zeit einen Vitamin D-Vorrat für etwa 40 Tage angelegt. Dunkelhäutige Menschen brauchen wesentlich mehr Sonnenlicht.
Sie können bei gleicher Sonnenbestrahlung in den mitteleuropäischen Breiten ihren Vitamin D-Haushalt gerade mal für ein oder zwei Tage decken und sind daher extrem vom Sonnenlicht abhängig.

Dunkelhäutige Menschen sind noch mehr vom Sonnenlicht abhängig als hellhäutige

Jakob Lorber beschrieb in seinen Schriften das Universum bis ins kleinste Detail. Ob Sterne, Spiralnebel oder Galaxien – alles stellte er in die richtige Relation.

Auch die Vorhersagen Lorbers sind an Exaktheit und Tiefe kaum zu übertreffen. So beschrieb er zum Beispiel in seiner Schrift »Die natürliche Sonne« am 24. Oktober 1842 den Planeten Neptun und seine Monde mit einer unglaublichen Präzision. Erst vier Jahre später, am 23. September 1846, entdeckte der deutsche Astronom Johann Gottfried Galle den Planeten.

Ob es die Beschreibung des Universums, der Aufbau des Atoms oder des Mikrokosmos ist, viele Schaubilder Lorbers konnten im Laufe der Zeit wissenschaftlich nachgewiesen und heute langsam verstanden werden.

Die Sonnenhellmittel

Einen enormen Wissensschatz hinterließ uns Jakob Lorber mit seinen Schriften über die Sonnenhellmittel. Hierin

Leben und Wirken des Jakob Lorber

Jakob Lorber war ein begnadeter Musiker und Dirigent. Mit 40 Jahren sollte sich der Traum seiner Musikerkarriere endlich erfüllen. Ihm wurde eine Stelle als Dirigent am Theater in Triest angeboten. Just an dem Tag, als er sich nach Triest auf den Weg machen wollte, vernahm Lorber eine helle und klare innere Stimme, die ihm befahl: »Nimm deinen Griffel und schreib«! Er schrieb auf, was ihm die Stimme diktierte. Insgesamt schrieb Lorber in 24 Jahren 25 Bände. Das sind mehr als 10 000 gedruckte Buchseiten. Die meisten seiner Schriften, die zum größten Teil ohne Unterbrechung und ohne auch nur eine Zeile zu korrigieren, niedergeschrieben wurden, beschäftigen sich mit der Heilkunde. Ein kleiner Teil davon beschreibt die Herstellung und die Verwendung von Sonnenhellmitteln.

beschreibt er die Herstellung unterschiedlichster Sonnenhellmittel und deren Einsatzgebiete.

Schon seit Urzeiten benützten die Menschen das Licht und die Wärme der Sonne als das einzige Heilmittel zur Wiederherstellung ihrer Gesundheit. Sie legten ihre Kranken in die Sonne und entblößten diejenigen Teile des Leibes, in denen der Kranke eine Schwäche, Unbehaglichkeit oder einen Schmerz verspürte.

Bei Magenbeschwerden empfiehlt Lorber daher in seinen Schriften, die Magengegend dem Sonnenlicht auszusetzen und reines, von der Sonne bestrahltes Quellwasser zu trinken. Auch die ersten Bewohner der Erde sollen, seinen Angaben zufolge, ohnehin nur Wasser, das zuvor eine kurze Zeit dem Sonnenlicht ausgesetzt war, getrunken haben.

Wo immer die Seele einen Energiemangel verspürt, wendet sie sich an ihren eigenen Körper und zieht aus ihm das Fehlende heraus. Das aber hat zur Folge, dass in den entsprechenden Organen ein Energiemangel erzeugt wird und dadurch die nötige Zellspannung nicht mehr aufrechterhalten werden kann.
So entsteht ein unnatürlicher Lebensprozess im Körper, der den Nährboden für unterschiedlichste Krankheitsbilder bietet. Die ganz

Licht-Therapie im Überblick

- Die alten Hochkulturen erbauten so genannte Lichttempel. In Griechenland war Heliopolis die erste Stadt, in der das Licht zu therapeutischen Zwecken eingesetzt wurde.

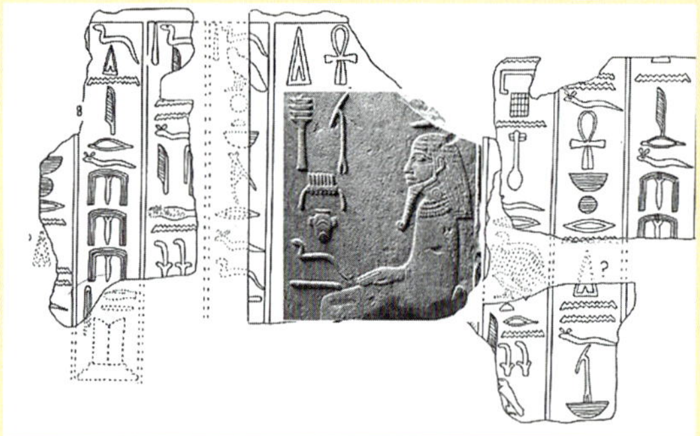

Diese Hieroglyphen stammen aus Heliopolis, aus der Geburtsstadt der Heliotherapie

- Die Sonnentherapie mit lichtangereicherten Naturprodukten geht auf Jakob Lorber (1800-1864) zurück. 1851 legte er den Grundstein mit seiner Schrift »Die Heilkraft des Sonnenlichts«.

- 1889 entdeckte der schwedische Ophtalmologe Erik Johan Widmark (1850 - 1909) die Hautreizenden, sprich bräunenden Eigenschaften von ultravioletten Strahlen (UV-B-Strahlung 280-315 nm). In Versuchen setzte er rasierte Albinokaninchen dem UV-Licht aus. Somit konnte er belegen, dass die Entstehung von Sonnenbräune und Sonnenbrand nicht durch Wärme, sondern durch UV-Einwirkung zustande kommt.

- 1855 eröffnete der Schweizer »Sonnendoktor« Arnold Rikli im slowenischen Bled eine Kurklinik. Mit strengen Diäten, Wanderungen, kühlen Bädern sowie stundenlangen Besonnungen, therapierte er seine an Fettleibigkeit, Migräne, Rheumatismus und Hysterie erkrankten Patienten.

- Der dänische Arzt Niels Ryberg Finsen (1860-1904) entdeckte kurz vor der Jahrhundertwende die heilende Wirkung von ultraviolettem Licht. Diese Entdeckung führte ihn zu der Behandlung der Krankheit Lupus vulgaris (Tuberkulose der Haut) und anderer Hauterkrankungen. Die von ihm erfundene Bogenlampe wurde rasch in zahlreichen größeren Krankenhäusern eingeführt. Die »Finsen-Lampe« bewirkte bei zahlreichen Patienten regelrechte Wunderheilungen. Niels Finsen erhielt dafür 1903 den Nobelpreis für Medizin.

- Um etwa 1930 fanden sich in Europa erstmals ernst zu nehmende Verfechter der Sonnentherapie oder »Heliotherapie«. Erstmals tauchen die sonnenangereicherten Naturprodukte nach Lorbers Richtlinien in größerem Maße auf. Unterschiedlichste Krankheitsbilder konnten damit erfolgreich behandelt werden.

- Einer der bekanntesten neuzeitlichen Vertreter der Sonnenheilkunde war Dr. August Rollier (1874–1954). Er baute in dem Schweizer Städtchen Leysin ein Sonnensanatorium, in dem es zu sagenhaften Heilungserfolgen kam. In dem 1500 Meter über dem Meer gelegenen Sanatorium war die Luft transparent und leicht von Sonnenstrahlen zu durchdringen. Je mehr UV-Licht, desto besser, lautete die damals gültige ärztliche Empfehlung.

Kinder im »Sonnensanatorium« von Dr. August Rollier

spezifischen körperlichen Symptome sind der Ausdruck des seelischen Energiemangels.

Da im Sonnenlicht alle Substanzen, aus denen die Seele selbst besteht, vorhanden sind, sind wir über das Sonnenlicht in der Lage, die fehlende Energie zur Stärkung der Seele wiederaufzunehmen. Der Energiemangel wird über das Sonnenlicht ausgeglichen und die frühere Zellordnung kann so wiederhergestellt werden. Organe, Nerven und Blut erhalten durch das Licht wieder die natürliche Lebensspannung.

Mit den Sonnenhellmitteln haben wir nach Lorber zudem ein heilkräftiges Arkanum zur Verfügung, das nicht nur die Krankheit kuriert, sondern bei rechter Diät und dem richtigen Gebrauch auch ein möglichst hohes und gesundes Lebensalter ermöglichen kann.

Sonne und Ernährung als Heilmittel

Würden wir Menschen einer ganzheitlichen Lebensweise folgen, eingebettet im Einklang mit der Natur, würden die normale Sonneneinstrahlung und eine ausgewogene Ernährung vollkommen ausreichen, um unseren Körper gesund zu erhalten. Bei der gegenwärtigen Lebensweise aber, mit der wir unserer Seele durch »raffinierte« und chemisch aufbereitete Speisen oft mehr Energie entziehen als zuführen, ist der »normale Hausgebrauch« des Sonnenlichts häufig nicht mehr ausreichend.

Lorber nennt uns daher mehrere Möglichkeiten, wie wir sowohl die Sonne als auch unsere Ernährung als Heilmittel nutzen können. Er behauptet, dass wir bei richtiger Ernährung und entsprechender Verwendung der Sonnenhellmittel in der Lage wären, jede Krankheit, gleich welcher Natur sie auch sei, zu heilen. Dabei betont er allerdings, dass man sich sehr genau an seine Angaben zu halten habe: Diät und andere Richtlinien für eine optimale Gesundheitsstärkung finden interessierte Leser in seiner Schrift »Heilkraft des Sonnenlichts« (erschienen im Lorber Verlag).

Rezepturen nach Jakob Lorber

Nachfolgend finden Sie die wichtigsten Rezepturen für Sonnenhellmittel nach Jakob Lorber. Manche Sonnenhellmittel kann man ohne

Jakob Lorber über Heilung

Nach Lorbers Schriften kommt es bei der Heilung nicht so sehr auf Maße und Gewichte (also auf die Materie) an, sondern einzig und allein auf den rechten Glauben und auf das rechte Vertrauen in Gott. Die Macht Gottes ist imstande, jemanden mit wenigen Tropfen Wasser zu ersäufen oder einen ins Weltmeer Gefallenen vor dem Ertrinken zu retten. Materie an sich hat keine Wirkung, nur die Aufgabe, die Sonnenstrahlen an sich zu ziehen und diese Energie zu speichern. Wurden die Heilmittel entsprechend vorbereitet, werden sie in Verbindung mit der richtigen Ernährung (bzw. entsprechender Diät) und dem entsprechenden Bewusstsein, die Krankheit heilen. Vor allem von Seiten der Therapeuten wird ein uneigennütziger Wille und entsprechendes Bewusstsein vorausgesetzt, damit durch ihn die Kraft Gottes wirken kann. Vom Patienten kann man nicht immer den vollen Glauben erwarten. Ist dessen Bewusstsein aber bereit, Heilung zu empfangen, so wird diese umso sicherer und frühzeitiger einsetzen.
Im Licht der Sonne befindet sich reine Energie, die eine substanzielle Verwandtschaft mit der Seele des Menschen hat. Die in der Sonne enthaltene Energie ist bestens zur Kräftigung der Seele geeignet und die Gesundheit des Menschen wiederum hängt von einer kräftigen Seele ab.

allzu großen Aufwand selbst herstellen; alle Sonnenhellmittel nach Jakob Lorber sind aber auch im Handel zu beziehen (siehe Anhang). Die folgenden Möglichkeiten sollen aufzeigen, wie man nach den Anweisungen Lorbers der Heilkraft des Sonnenlichts habhaft werden kann, und wie man Sonnenenergie an materielle Stoffe bindet, um sie dann im Krankheitsfall therapeutisch einzusetzen.

Sonnenglobuli: Sonnenenergie auffangen und speichern

Mit Sonnenglobuli können Sie die reine Sonnenenergie auffangen und speichern. **Hierzu benötigen Sie:**

1. Eine dunkelviolette (UV-Licht durchlässige) Glasschüssel mit einem Durchmesser von etwa zwölf Zentimeter und einer Höhe von etwa zwei bis drei Zentimeter.
2. Einen Deckel, mit dem wir den Inhalt der Schüssel hermetisch abschließen können.
3. Milchzuckerkügelchen (unarzneiliche Globuli)
4. Ein bis drei Monate Sonnenlicht mit einem Einfallswinkel von nicht weniger als 45 Grad (je nach Jahreszeit). Bei Bewölkung ist das Gefäß mit den Globuli sofort abzudecken!

Zur Besonnung der Milchzuckerkügelchen geben wir die Globuli in die Schüssel. Dabei achten wir darauf, dass sich die Kügelchen nicht ge-

Ob Mensch oder Tier, die Sonnenhellmittel eignen sich für alle Lebewesen

genseitig bedecken. Dann setzen wir das Gefäß ohne Deckel mit den Kügelchen längere Zeit hindurch den Sonnenstrahlen aus. Im Sommer reicht es aus, die Milchzuckerkügel-

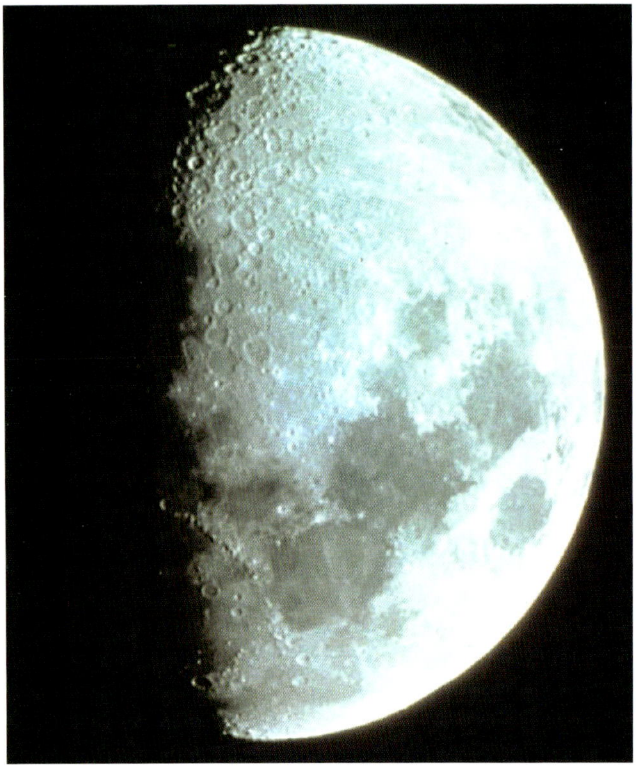

Mindestens einen Mondumlauf sollen die Globuli dem Sonnenlicht ausgesetzt werden

chen einen Monat (eine Mondumlaufzeit) der Sonne auszusetzen. Im Frühling und Herbst sollten es je drei Monate sein. Die Globuli bleiben während des Tages nur über die Zeitspanne der Sonne ausgesetzt, so lange die Sonne am Firmament sichtbar ist und so lange der Einfallswinkel der Sonnenstrahlen mehr als 45 Grad beträgt. Unter 45 Grad wird die Wirkung der Sonne zu schwach. Daher wird die Schüssel während dieser Zeit mit einem Deckel sorgfältig zugedeckt und an einen kühlen und trockenen Ort gebracht und bis zum nächsten Tage aufbewahrt. So können die Kügelchen die Sonnenenergie nach und nach in sich aufnehmen.

Eigenschaften: Wenn sich das Sonnenlicht in einem Regentropfen bricht, können wir darin die sieben Regenbogenfarben erkennen. Das Lichtspektrum reicht von rot bis violett und es wirkt auf die verschiedenen Gemütszustände. In den Sonnenglobuli ist das gesamte Lichtspektrum gespeichert. Diese als Photonen gespeicherten Frequenzen harmonisieren und fördern unser Wohlbefinden. Wenn wir also unter Müdigkeit, Gereiztheit, Depression, Melancholie, Lustlosigkeit oder Antriebslosigkeit leiden, sollten wir an den Einsatz von »Sonnenperlen« denken.

Die Farben haben folgende Wirkung: Rot stärkt die Lebens- und Liebesfähigkeit; Orange fördert die Intelligenz; Gelb verleiht Kraft und

Lorber über die zwei Arten der Homöopathie

Für Lorber ist die Homöopathie die rechte Heilmethode. Seinem Verständnis nach gibt es aber zwei verschiedene Arten: Über die eine sagt Lorber, dass ihr Erfolg zumeist sehr unsicher ist, weil selbst ein noch so geschickter Arzt nicht mit Sicherheit erkennen kann, welche Seelenanteile denn genau geschwächt sind. Seiner Meinung nach kann nur ein im Geiste wiedergeborener Arzt das Simile, das wahre Heilmittel finden. rzte, die nur auf ihre Schulweisheit bauen und sich ihrer göttlichen Abstammung nicht bewusst sind, werden seiner Meinung nach nicht in der Lage sein, das Mysterium der Homöopathie in seiner Ganzheit zu verstehen. Aus diesem Grunde empfiehlt er diesen vorzugsweise die zweite Art der Homöopathie: Im Unterschied zur ersten spricht Lorber hier von der »allgemeinen Homöopathie«. Mit ihr, so Lorber, kann jeder Arzt bei nur einiger Geschicklichkeit kaum Fehler machen.

Um genau diese Art der Homöopathie, um die Heilkraft der Sonnenstrahlen, geht es Lorber bei der Heliotherapie.

Willen; Grün schafft Ordnung; Hellblau vertieft die Konzentrationsfähigkeit; Blau entspannt und fördert die Geduld; Violett entwickelt Selbst- und Mitgefühl.

Sonnenlicht bündeln

Eine andere Art, Sonnenlicht für Heilzwecke zu verwenden, besteht darin, den Sonnenstrahl mittels Vergrößerungsglas zu bündeln und mit dem gebündelten Lichtstrahl zum Beispiel äußere Wunden mehrmals täglich zu besonnen. Es ist jedoch zu beachten, dass der Brennpunkt nicht zu lange über einer Stelle verweilen darf.

Nach dem Überfahren der erkrankten Stelle mit dem Brennpunkt soll ein frisches Leinentuch in gesonntes Wasser getaucht und auf die Wunde bzw. auf die zu behandelnde Stelle aufgelegt werden.

Sonnentinkturen

Bei der Herstellung von Ölextrakten und Alkohol-Sonnentinkturen ist darauf zu achten, dass sie nach den helioenergetischen Prinzipien hergestellt werden, die hier kurz beschrieben werden sollen:

1. Die zu verwendenden Kräuter sollten mit Liebe, Frieden und Respekt vor der Pflanze gesammelt werden. Nicht so viel wie möglich, sondern so wenig wie nötig. Wer Pflanzen oder Kräuter sammeln möchte, sollte immer geeignetes Schneidewerkzeug dabei haben. Die Pflanze empfindet

Während der Einnahme von Sonnenhellmitteln meiden:
Folgende Nahrungsmittel bzw. Getränke sollte man laut Jakob Lorber während des Genesungsprozesses meiden, denn sie mindern oder machen gar die Wirkung der Sonnenhellmittel zunichte:

- Kaffee ist für Lorber bei weitem das schlechteste, was der Mensch sich aus der Pflanzenwelt zu seinem Genuss erwählt hat. Er sagt: »Diese Frucht belebt zwar Pferde, Esel und Kamele und macht ihre Nerven stark, beim Menschen aber hat diese Feigbohne eine gegensätzliche Wirkung. Sie blockiert die Energie und schwächt die Nerven. Die menschliche Seele hat Mühe damit, die für das grobe Vieh bestimmten Energien aus dem Körper zu bekommen. Sie wird müde, träge, nachlässig, oft düster, mürrisch und traurig«. Lorber betont, dass er die Schädlichkeit des Kaffees nur deswegen so klar macht, weil er sich darüber bewusst ist, wie sehr die Menschheit an diesem »Eselsfutter« hängt. Das Problem besteht darin, dass die negative Wirkung des Kaffees auch vor den Heilmitteln nicht halt macht. Gerade die feinstofflichen Medikamente, wie sie in der Homöopathie oder Heliopathie verwendet werden, haben gegen die stark neutralisierende Wirkung des Kaffees keine Chance.

- Bier, unverdünnter Wein, Liköre und Schnäpse und stark gesüßte oder gewürzte Getränke
- Saure und gewürzte Speisen
- Konservierte Speisen
- Lebensmittel, die stark anregend oder erhitzend wirken (z.B. Peperoni, Ingwer)

weniger Schmerz, wenn sie sauber abgeschnitten wird. Achten Sie darauf, dass die geernteten Pflanzen so rasch wie möglich weiterverarbeitet werden. Bei der Verwendung von Blüten sollten diese nach Möglichkeit schon beim Pflücken direkt in Alkohol oder Öl gegeben werden. Wenn der Ansatz erst zu Hause erfolgen soll, achten Sie auf einen schonenden Transport. Nicht in Plastiktüten! Wenn nötig mehrmals mit einem Wasservernebler besprühen.

2. Bei den Grundsubstanzen wie Öl oder Alkohol immer auf hochwertige Qualität achten. Verträglichkeit von Pflanze und Lösungsmittel beachten. Nicht jede Pflanze passt zu jedem Öl oder Alkohol.

Auch eine Art, die Verbundenheit mit der Natur wieder zu erfahren. Spüren Sie die Erde in ihrer reinsten Form.

3. Lichtdurchlässige Soda-Kalk-Gläser verwenden. Dieses Glas lässt die lebenswichtigen UV-Strahlen durch.
4. Liebevolle und verantwortungsvolle Betreuung der Kräuter- und Blütenessenzen. Die Flaschen sollten mindestens zwölf Mal sieben Stunden in der Sonne stehen und alle ein bis zwei Stunden etwa 30 Sekunden geschüttelt werden. Sobald die Sonne niedriger als 45 Grad am Himmel steht, sind die Gefäße an einem dunklen, trockenen und kühlen Ort aufzubewahren. Bei Bewölkung sind die Essenzen und Tinkturen sofort abzudecken.
5. Nachdem die Tinktur oder die Essenz fertig ist, wird sie durch ein Leinentuch gefiltert. Dazu nähen Sie sich aus dem Leinen eine spitz zulaufende Tüte. Nun filtern Sie Ihren Ansatz in ein sauberes Gefäß. Diesen Vorgang können Sie mehrmals wiederholen. Anschließend wird die fertige Sonnentinktur in eine dunkle Flasche (Violettglas aus Soda-Kalk) abgeseiht und an einem kühlen, trockenen Ort gut verwahrt.

Arnika-Sonnentinktur

Für die Zubereitung der Arnika-Sonnentinktur benötigt man das Alpenkraut Arnika. Von dieser Blume werden nur Blüten verwendet, das heißt, die gelben Blütenblätter und die Staubfäden. Ungefähr zwei Handvoll davon in eine helle, lichtdurchlässige (Quarzglas) Flasche geben. Weiter mit Punkt 4 und 5 wie oben beschrieben.

Vom Alpenkraut Arnika werden nur die Blüten für die Tinktur verwendet

So bindet sich Sonnenlicht in der Natur

Dass sich die Sonnenenergie in der Natur in den verschiedensten Körpern bindet, wird uns z.B. beim Anblick einer Frühlingswiese deutlich vor Augen geführt: Jede Pflanze, die wir sehen, riechen oder verspeisen, zeigt uns, dass sie dem Licht und der Wärme der Sonne entstammt. Dennoch wird jedes Kraut seine ihm eigene Charakteristik zeigen und kein Kraut ist so beschaffen, dass es das gesamte Spektrum der heilenden Sonnenenergie aufnehmen könnte. Jede Pflanze nimmt nur die Eigenschaften der Sonnenenergie in sich auf, die auch ihrer Eigenart entsprechen.

Eigenschaften: Der Arnika-Typ ist ein Grübler, leiser Konfliktlöser, Analytiker und ein Zweifler an den eigenen Gefühlen. Lorber sah in der Arnika-Sonnentinktur ein aktives Hauptregulationsmittel. Das Mittel eignet sich für Menschen, die eigentlich über ein großes Liebes- und Willenspotential verfügen, aber nicht den nötigen Mut haben, dies auch im täglichen Leben umzusetzen. Mit Arnika können diese Menschen wieder richtig aufblühen. Denken und Fühlen können mit Arnika in Einklang gebracht werden.

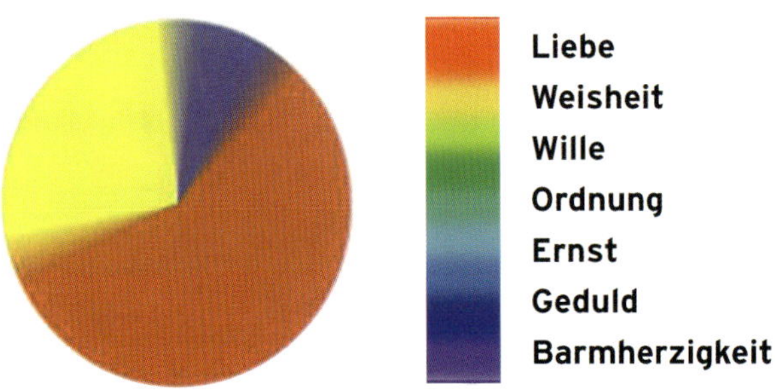

Die Tinktur kann mit Wasser (1:2 oder vier Tropfen auf einen Teelöffel) verdünnt werden. Gute Unter-

stützung erhalten diese Personen durch das Asiatische Rhabarberpulver (holt das Gefühl in die Körperlichkeit). Bei emotionalen und/oder traumatischen Ereignissen wie Trennung, Tod oder Schockerlebnissen können die Sonnenperlen Linderung bringen.
Das Farbspektrum zeigt cirka 60 Prozent Rot, 30 Prozent Gelb und 10 Prozent Indigoblau. Rot steht für die Eigenschaft »Liebe«. Gelb für den Willen, Indigoblau steht für Barmherzigkeit. Rot und Gelb ergibt Orange, die Farbe steht für Weisheit.

Mohn wächst auf trockenen Böden. Er blüht nur kurze Zeit.

Mohnblütenöl

Zirka 500 ml frisch gepresstes Olivenöl in eine gut verschließbare Flasche geben und eine gute Handvoll wilder Mohnblütenblätter dazugeben. Nachdem die Mohnblütenblätter mit dem Öl vermengt sind, verschließt man die Flasche luftdicht und setzt sie dann zwei bis drei Wochen der Sonne aus. Weiter mit Punkt 4 und 5 wie oben beschrieben.

Eigenschaften: Der Feldmohn blüht prächtig, aber kurz, und er wächst auf kargen und trockenen Böden. Menschen, die durch dieses Mittel Hilfe erfahren, können meist auf eine spröde, sachliche bzw. körperdistanzierte Jugend zurückblicken. Menschen die von diesem Öl profitieren können, haben hohe Ziele, wollen glänzen und sie überfordern sich meist selbst. In der Volksmedizin verwendet man das Mohnblütenöl vor allem zur Linderung von Gelenk- und Muskelschmerzen. Das Mohnblütenöl in der Zubereitung nach Jakob Lorber ist in der Lage, Verhärtungen und Verspannungen zu lösen und es kann sogar altes Narbengewebe wieder elastischer machen und so manche Störherde ausschalten. Die betroffenen Stellen können mehrmals täglich mit Mohnblütenöl einmassiert werden. Ebenso kann man ein mit Mohnblütenöl getränktes Leinentuch auf

Mohnblütenöl wird der Sonne ausgesetzt. Die UV-Licht durchlässigen Soda-Kalk-Gläser werden alle ein bis zwei Stunden geschüttelt

die erkrankten Stellen auflegen. Das Mohnblütenöl kann auf Grund seines farblichen Charakters Verhärtungen und Verspannungen lösen.

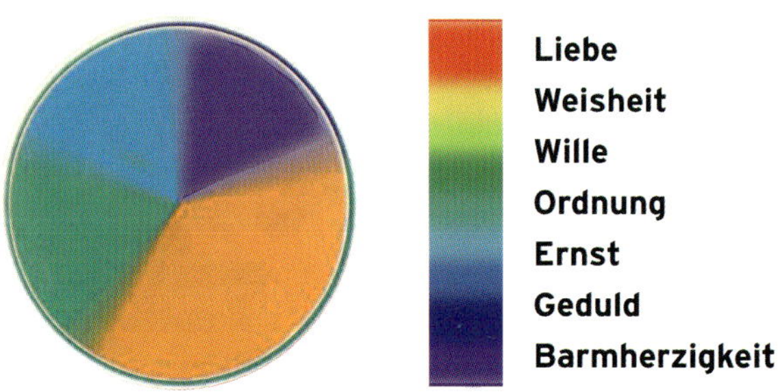

Durch den hohen Anteil von Orange (Weisheit) wird die Entspannung gefördert.

Zwetschgenholz-Asche

Zweigholz mit der Rinde des Zwetschgenbaumes zu kleinen Scheiteln (Spänchen) zerkleinern. Idealerweise mit einem starken Brennglas oder einem Hohlspiegel zu Asche (also direkt mit Sonnenenergie) verbrennen. Wenn das nicht möglich ist, kann das Zwetschgenholz auch mit einer Gasflamme verbrannt werden. Diese Asche etwa fünf bis acht Tage im offenen Violettglas den Sonnenstrahlen aussetzen.

Eigenschaften: Der Zwetschgenholz-Typ würde ja gerne, aber er hat leider keinen Biss, da er mit seinen Kräften bereits am Ende ist. Er fährt schon mit Reserve, er übernimmt sich leicht und er lässt sich geradezu gerne ausbeuten. Daher ist die Zwetschgenholzasche ein besonders wirksames Mittel gegen Karies, Zahnstein und bei Zahnfleischbeschwerden. Während der kurmäßigen Anwendung (zwei bis vier Wochen) wird das Zahnfleisch drei bis vier Mal täglich für die Dauer von etwa fünf Minuten leicht mit Zwetschgenholzasche einmassiert.

Eine Zahnkur bringt darüber hinaus auch noch Ordnung und Ruhe in das Dasein.

Die Zwetschgenholz – Zahnkurpaste hat 70 Prozent Grünanteil (Ordnung), 30 Prozent Violett (Barmherzigkeit).

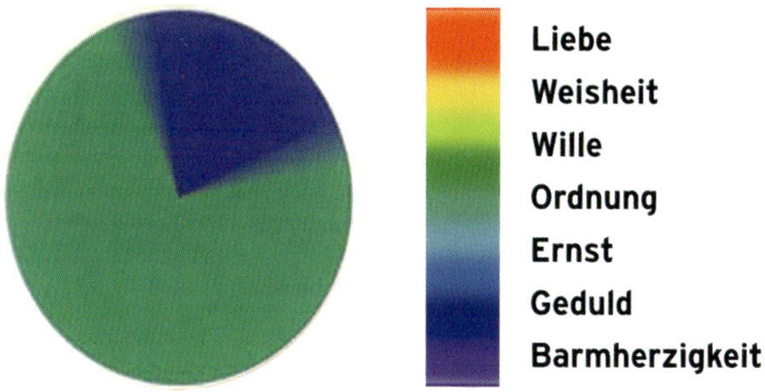

Zwetschgenholz wird mit Sonnenenergie zu Asche verbrannt

Wacholderbeeren

Frische Wacholderbeeren sollten zu der Zeit gesammelt werden, wenn sie anfangen blau zu werden. Dann reinigt man die Beeren von den Nadeln. Nun nimmt man ein blaues Leinentuch und breitet dieses am besten auf einem alten hölzernen Tisch an einem trockenen, sonnigen Ort aus. Auf dieses Tuch gibt man die gesammelten Beeren und breitet sie so aus, dass sie sich nicht gegenseitig bedecken. Bevor die Sonne unter 45 Grad am Himmel steht nimmt man das Tuch an den vier Enden und gibt die Beeren samt dem Tuch in eine große Violettglasflasche. Die Flasche sofort gut schließen und abgedunkelt die Nacht über lagern.

Wacholderbeeren sollen beim Sammeln in ein blaues Leinentuch gegeben werden

Man setze die Beeren so lange der Sonne aus, bis sie eine pfefferartige, runzlige Haut bekommen. Zur weiteren Aufbewahrung gibt man die

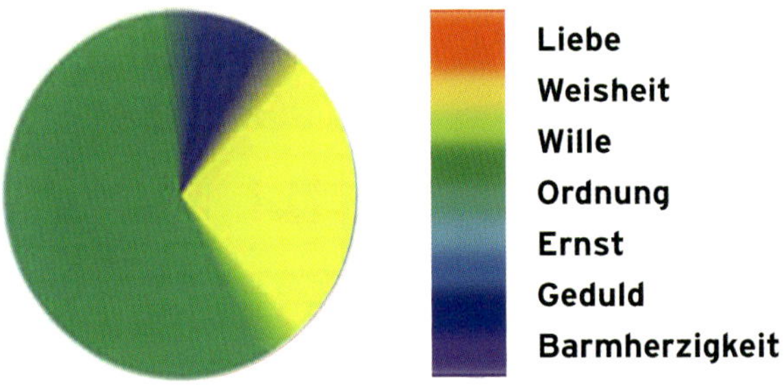

Beeren in dieselbe Violettglasflasche (ohne Tuch) und verschließt diese luftdicht. Trocken lagern.

Eigenschaften: Wie der Holunder auch, flößte diese Pflanze bereits unseren Vorfahren gehörigen Respekt ein. Zu Zeiten der Pest, wurden nachweislich die so genannten Wacholderhäuser von der Seuche verschont. So besitzen die getrockneten Beeren eine reinigende Wirkung. Man verwendet die getrockneten und gesonnten Beeren entweder als Räucherwerk oder als Tee. Bei der Teezubereitung werden acht bis zehn Beeren in einem Mörser zerstoßen und anschließend mit kochendem Wasser aufgegossen. Zehn Minuten ziehen lassen. Der Tee wirkt entwässernd und hat daher auch eine sanfte entgiftende Wirkung. Der typische Wacholder-Mensch leidet nicht nur mit anderen mit, sondern er fühlt das Leid der anderen. Gerade Therapeuten können von diesem Mittel profitieren, da sich angestauter Seelenmüll so wieder löst.

60 Prozent Grünanteil verleiht Ruhe und 30 Prozent Gelb vermittelt Willensstärke. 10 Prozent Indigoblau unterstützen Barmherzigkeit und Mitgefühl.

Echter asiatischer Rhabarber

Man nehme 50 bis 100 Gramm von dieser Wurzel und pulverisiere sie, aber nicht allzu fein. Dieses Pulver auf die schon bekannte Weise in einem dazu geeigneten Gefäß den Sonnenstrahlen aussetzen. Zur Nachtzeit mit einem reinen, schwarzen Lammfell, das man tagsüber gleichfalls den Sonnenstrahlen aussetzen kann, bedecken. Die Wolle soll dabei nicht mit dem Pulver in Berührung kommen. Am besten schneidet man aus dem Lammfell ein geradeso großes Stück heraus, das ausreicht, das Gefäß zu bedecken und klebt dieses dann auf ein entsprechend großes Stück Holz.

Eigenschaften: Der Rhabarber-Typ ist bodenständig, hat Heimweh, Angst vor Neuem, kämpft mit unterdrückter Wut und ist frustriert. Menschen die lieber ihren Ärger schlucken und sich keine Luft machen, können sehr von dieser Pflanze profitieren. Sie leiden unter hartnäckigen Verdauungsbeschwerden und haben einen hohen Anspruch an Perfektion. Ebenso fällt es extrem schwer, die eigenen Unzulänglichkeiten und Fehler zu akzeptieren. Rhabarberpulver verleiht Ruhe und Ordnung sowie Geduld. Ein halber Teelöffel des Pulvers hat regulierende und harmonisierende Wirkung auf den Verdauungstrakt.

80 Prozent Grünanteil – das bringt Ruhe und Ordnung in den unfriedlichen Verdauungsapparat. Die restlichen 20 Prozent Indigoblau brinvgen Geduld.

Kastanienpulver

Schon »Hildegard von Bingen« berichtete über die »Königin der Früchte« nur das Beste. Die Kastanie (Castanea sativa, Maroni) ist wohl die wertvollste Frucht, die wir

Zur Herstellung des Kastanienpulvers wird die Esskastanie (Maroni) verwendet

in Mitteleuropa als Geschenk erhalten haben. Sie enthält so gut wie alle mineralischen Salze und viele Vitaminkomplexe. Die Kastanie gibt ihre Frucht erst dann frei, wenn sie vollkommen reif ist.

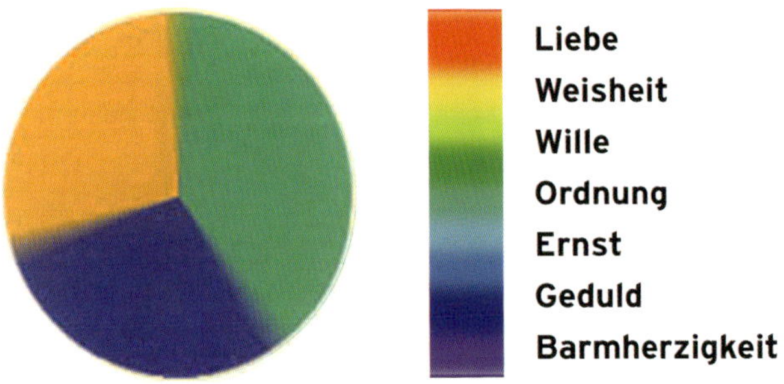

Eigenschaften: Der Kastanienpulver-Typ ist leicht verletzbar, hat eine dünne Haut, ist verträumt, feinsinnig, spleenig, ein elfenhaftes Wesen mit Neigung zur Sorgenkrämerei. Die Kastanie löst Blockaden sowohl im körperlichen als auch feinstofflichen Bereich. Mit ihrer Hilfe kann alles leichter fließen und die innere Flexibilität wird aktiviert.

Kastanienpulver hat vom Farbspektrum in sich gespeichert: 40 Prozent Grün (Ordnung), 30 Prozent Violett (Barmherzigkeit) und 30 Prozent Orange (Weisheit).

Evangelische Salbe

Dieses Mittel holt den Menschen in sein Innerstes, es bringt ihn in sein Ich. Ein rein vom Körper geleiteter Mensch ist meist viel unruhiger als ein beseelter, spirituell agierender Mensch. Schon die Sumerer kannten diese Rezeptur, die aus bestem Olivenöl und aus bestem Rotwein besteht. Durch die Besonnung wird die entspannende Wirkung noch um vieles verstärkt. Die »Evangelische Salbe« wird auf Brust, Solarplexus und den Rücken sanft im Uhrzeigersinn streichend eingerieben. Auch Arme, Beine und die Schläfen sollten eingerieben werden.

Nach mehreren Wochen der Sonnenbestrahlung und fachgerechten Behandlung, werden die Sonnenhellmittel vor Ort in Violettgläser abgefüllt

Eigenschaften: Der Evangelische-Salbe-Typ ist gespannt, überreizt, kämpft mit herumspringenden Gedanken und leidet unter Konzentrationsschwierigkeiten. Die Evangelische Salbe stärkt den Ätherleib, Jakob Lorber spricht hier vom »Nervengeist«. Jedes Geflecht, das unter Spannung ist, beginnt bei der leisesten Berührung zu vibrieren – die Nerven sind zum Zerreißen gespannt. Genau hier entfaltet dieses Sonnenhellmittel seine besondere Wirkung. Es stellt eine bessere Verbindung zwischen Körper und Seele her.

Violettgläser – wozu?

Die aus Soda-Kalk hergestellten Violettgläser eignen sich bestens zur Konservierung für lichtempfindliche Substanzen. Insbesondere Öle, Salben, Heilmitel oder Essenzen brauchen besonderen Schutz. Das Violettglas schwingt mit 300 Nanometer. Diese Wellenlänge wirkt als »Zaunfrequenz«. Das bedeutet, dass dieses Glas diese Frequenz in keiner Richtung hindurch lässt. Die energiereichen UV- und Infrarotstrahlen können jedoch passieren, so dass diese Frequenzen den Inhalt weiterhin mit Lebensenergie versorgen.

Körperliche Betätigung unter freiem Himmel ist die beste Prophylaxe für Ihre Gesundeit

Das Farbspektrum der Evangelischen Salbe liegt bei 70 Prozent Grün (Ordnung) und 20 Prozent Blau (Geduld).

Kampfermilchpulver

In diesem Biolichtkonzentrat werden die Frequenzen des Sonnenlichtes in getrennten Schritten in Kampferkristallen und in Ziegenmilchpulver angereichert. Reiner Kampfer (Kristalle aus Blättern, Zweigen, Holz des Kampferbaumes) wird unter durchsichtigem, klaren Glas so lange von der Sonne bestrahlt, bis sich durch den Verdunstungseffekt am Glasoberteil Kampferkristalle neu bilden und das Glas undurchsichtig machen. Auch im Ziegenmilchpulver werden die Lichtfrequenzen gespeichert.

Eigenschaften: Das Mittel für Notfälle und Immunschwächefolgen. Das Kampfermilchpulver hat sich als Notfallmittel bestens bewährt. Außerdem eignet es sich bei Infektionen (z.B. Erkältungen, Grippe), Vergiftungen, Fieber, plötzlich auftretenden Beschwerden, Blutstauungen, Thrombosen und Schlaganfall. Da es bei ordnungsgemäßer Dosierung frei von Nebenwirkungen ist, stark vitalisierend, entgiftend, immunstärkend und regenerierend wirkt, kann es auch als Basis- und Begleitmittel eingesetzt werden.

Menschen, denen mit diesem Mittel geholfen werden kann, sind himmelhoch jauchzend und zu Tode betrübt, rebellisch oder sie fühlen sich unverstanden. Innere Spannung, Angst vor Berührungen und sich unwohl in seiner Haut fühlen (zeigt sich oft in allergischen Hautreaktionen) sind weitere wichtige Indizien für Kampfermilchpulver. Kampfer-Typen zeigen häufig ihre Ablehnung, sie können auch jähzornig oder gar handgreiflich werden. Kampfermilchpulver sorgt durch den hohen Anteil an Grün (40 Prozent) und Blau (40 Prozent) für angstfreie Ruhe.

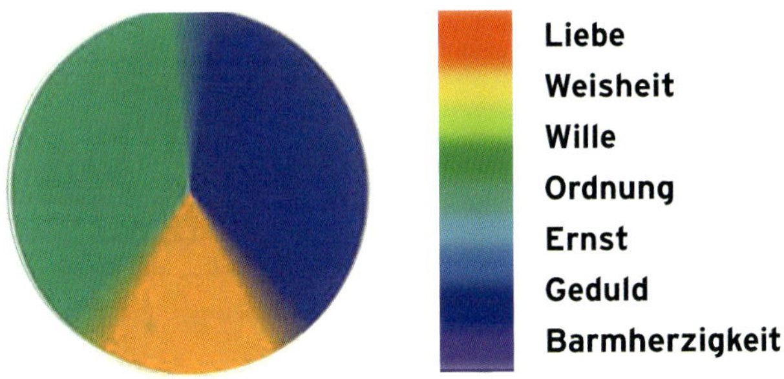

Erfahrungen

V. Erfahrungsberichte

Große und kleine Wunder!

Lesen Sie nachfolgend Erfahrungsberichte von Menschen, die über kleine und große Wunder berichten, die sie durch Salz, Wasser und Licht erfuhren.*

Erfahrungen mit Salz- und Wasseranwendungen

Erhöhte Cholesterinwerte (zwischen 330 und 400)

Mit einem herzlichen Dankeschön schrieb Frau Bausch ihre Erfolgsmeldung. Über Jahre stellte man bei ihr erhöhte Cholesterinwerte fest. Die verordneten cholesterinsenkenden Medikamente vertrug sie nicht und sie setzte sie daher ab. Nachdem sie in dem Salz und Wasser Vortrag von Peter Ferreira über die Sole-Trinkkur gehört hatte, begann sie sofort damit. Bei der nächsten routinemäßigen Kontrolluntersuchung traute sie ihren Augen und Ohren nicht. Der behandelnde Arzt verkündete ihr voller Zufriedenheit die neuen Cholesterinwerte. Die lagen nun bei 169!

Herzinsuffizienz – Wasseransammlung im Gewebe

Anfang der 90er Jahre bemerkte Herr Gottschalk zum ersten Mal, dass er unter totaler Müdigkeit und Abgeschlagenheit litt. Es wurde täglich schlimmer. Die geringste körperliche Anstrengung hatte bereits ein kleines Schweißbad zur Folge. Der Hausarzt konnte keine Auffälligkeiten im EKG oder bei den Blutwerten feststellen. Er empfahl ihm einfach Ruhe.

Die Befindlichkeitsstörungen wurden aber größer statt weniger. Gottschalk wechselte die Ärzte, bekam Aufputschmittel, was aber keine bleibende Besserung brachte. Die Schweißausbrüche nahmen jedoch zu und zu ihnen gesellte sich langsam aber sicher ein immer stärker werdendes Rasseln in den Lungen. Schließlich konnte er nur noch mit Hilfe eines Stocks gehen. Mittlerweile gab es für die Krankheit eine fundierte Diagnose: Herzinsuffizienz mit Wassereinlagerungen (bis zu 17 Liter), die bis in die Lunge reichten. Der Kardiologe schickte den Vorstand eines mittelständischen

*Namen und Orte vom Autor geändert

Unternehmens in Frührente, verbot ihm jegliche Anstrengung und empfahl ihm, sich beim Transplantationszentrum in Heidelberg für ein neues Herz anzumelden. Die Aussage der Ärzte war nicht gerade ermutigend. Herzmuskeln, so meinten die Kardiologen, können sich nicht mehr regenerieren, sie lassen sich allenfalls auf dem augenblicklichen Niveau stabilisieren. Bis zur eventuellen Transplantation wurde Herr Gottschalk mit starken Herzpräparaten medikamentös behandelt. Zu alledem ging auch noch seine Ehe in die Brüche und er fiel in tiefe Depression. Er verließ Deutschland und ging nach Italien, um dort quasi auf seinen Tod zu warten.

Die ganze Welt des Frührentners war zusammengebrochen. Früher hatte er ein siebenstelliges Jahreseinkommen und jetzt musste er sich fast am Existenzminimum schwer krank und von der Frau verlassen durchs Leben schlagen. Schulden in Millionenhöhe gesellten sich rasch dazu.

Gott sei dank war Herr Gottschalk nicht ganz allein. Sein Sohn ent-

schied sich, mit seinem Vater nach Italien zu gehen. Er war ganz maßgeblich daran beteiligt, dass sich bei seinem Vater das Verantwortungsgefühl meldete und er so immer wieder ermuntert wurde, doch an seiner Genesung zu arbeiten.

Schließlich lernte er seine zweite Frau kennen und lieben. Mit ihrer Hilfe fand er einen ebenfalls an Herzinsuffizienz erkrankten Therapeuten, der ihm ein tägliches Aufbauprogramm (langsames Radfahren im Schritttempo) verordnete, das er langsam aber stetig steigerte. Wegen seines Hangs zur Selbstzerstörung machte Herr Gottschalk zusätzlich eine Psychotherapie. Heute geht es Herrn Gottschalk so gut wie noch nie zuvor. Er macht täglich zwei Stunden Sport, hat seine Schulden getilgt und betreibt seit geraumer Zeit eine kleine Beratungsfirma mit seiner Frau.

Sie fragen sich, was hat Salz, Wasser und Licht damit zu tun? Nun, ein guter Freund unseres Patienten war im Besitz einiger Audiokassetten, mit dem Vortrag von Peter Ferreira. Nachdem Gottschalk den fünfstündigen Vortrag in sich aufgesogen hatte, war er so begeistert, dass er zusätzlich zu seinem Aufbauprogramm anfing, morgens einen Löffel Sole und ein Glas gutes Quellwasser zu trinken. Er beherzigte alle Vorschläge von Ferreira. Viel Wasser trinken, viel Obst essen und völliger Verzicht auf Natriumchlorid, zumindest soweit es ihm möglich war. Innerhalb weniger Wochen wurde Herr Gottschalk leistungsfähiger und er brauchte auch bald

keine Medikamente zur Blutverdünnung mehr. Der Blutdruck stabilisierte sich ebenfalls, so dass auch diese Medikamente abgesetzt werden konnten. Seine Zähne putzte er fortan nur noch mit Salz und sein Zahnstein verschwand. Die Augen badete er in 1%iger Solelösung und der Grauschleier verschwand.

Allerdings waren die ersten Monate auch eine Leidenszeit der besonderen Art. Während der Dauer von drei Monaten durchlief Herr Gottschalk eine Zeitreise durch seine Krankengeschichte. So ziemlich alle Leiden, die früher mit Antibiotika behandelt worden waren, machten in dieser Zeit erneut auf sich aufmerksam: Mandelentzündung, Diarrhö, Hautpilze mit unglaublichem Juckreiz und schließlich Bronchitis mit sehr ergiebigem Auswurf, der stark stank.

Diese Geschichte zeigt, dass Salz und Wasser bei Herrn Gottschalk einen erheblichen Teil zu seiner Heilung beigetragen hat. Allerdings hat er wesentlich mehr als nur Salz und Wasser genommen. Mehr oder weniger bewusst ging Gottschalk in den Süden, der Sonne entgegen. Außerdem hat er sich auch auf der psychischen Ebene in den dunklen Ecken seines Seins umgesehen. Mit Hilfe der Psychotherapie gelang es ihm, sich seinen Hang zur Selbstzerstörung bewusst zu machen. Der Psychoanalytiker C. G. Jung würde hier von Integration des Schattens sprechen. Zusätzlich verliehen ihm der Wille zu leben, die Verantwortung für seinen minderjährigen Sohn und die Liebe zu seiner Frau zusätzliche Energie.

Wenn Heilung geschehen soll, muss diese auf allen drei Ebenen vollzogen werden – im Körper, Geist und in der Seele. Meist gehen diese Prozesse mit einer revolutionären Lebensumstellung einher.

Alles in allem änderte Gottschalk sein Leben. Er übernahm Verantwortung für sich und seine Angehörigen und er arbeitete konsequent an seiner Genesung. Waren es Salz und Wasser, war es die Sonne Italiens oder war es die Schattenarbeit seiner Psyche? Alles zusammen brachte jedenfalls ein großes Wunder zum Vorschein und Salz, Wasser und Licht hatten sicherlich einen nicht zu unterschätzenden Anteil daran.

Prostatakrebs

Herr Bäumler litt seit mehr als einem Jahr an Prostatakrebs. Eines Tages brachte ihm ein guter Freund ein Säckchen Kristallsalz, da er glaubte, ihm damit vielleicht helfen zu können. Zu diesem Zeitpunkt war Herr Bäumler von allen herkömmlichen Therapieversuchen bereits so frustriert, dass er sich zumindest die Mühe machen wollte, mehr über die Eigenschaften von Kristallsalz in Erfahrung zu bringen. Bei seiner Recherche im Internet stieß er auf den

Vortrag von Peter Ferreira. Er hörte sich den Vortrag ohne Pause an. Inspiriert und vor allem hoch motiviert machte er sich sofort auf den Weg gutes Heilwasser zu besorgen. Er setzte Sole an, besorgte sich Salzkristallbrocken, die er in ein Leinensäckchen gab und für die nächsten Monate als Gürtel um seine Lenden trug. Sole nimmt er lieber zu viel als zu wenig und beim Trinken belässt er es auch nicht unter drei Liter Heilwasser pro Tag.

Bereits eine Woche später war Herr Bäumler das erste Mal seit mehr als einem Jahr wieder frei von Beschwerden. Die Blutwerte, insbesondere die PSA-Werte (Prostataspezifisches Antigen), sanken im Verlauf von vier Wochen von 4,6 auf 1,6. Nach weiteren vier Wochen sank der Wert nochmals auf 0,6! Herr Bäumler führte darüber ein exaktes Wasser- und Salz-Tagebuch. Das heißt, er schrieb seine ganze Heilungsgeschichte Tag für Tag nieder. In einem Brief an Herrn Ferreira schreibt Bäumler: »Sie sind auch nur ein Mensch und nicht in allen Aussagen unfehlbar, aber Ihre Erkenntnisse waren für mich sehr hilfreich. Ihre Botschaft ist angekommen. Ohne Sie wäre ich an Krebs gestorben. Auf die Idee, Salz und Wasser, wäre ich alleine nie gekommen. Durch Sie habe ich eine neue Lebensqualität erfahren dürfen und ein neues Bewusstsein ge-

funden, und dafür danke ich Ihnen. Allein dafür hat sich Ihre Mission und all Ihr Tun schon gelohnt.«

Migräneattacken

Frau Hölzlwimmer wurde von immer wiederkehrenden Migräneattacken gepeinigt. Der Schmerz schien über das Rückgrat langsam in den hinteren Teil des Kopfes aufzusteigen. Heftigste Attacken kamen bis zu vier Mal täglich. Als Frau Hölzlwimmer von der Soleanwendung erfuhr, beschloss sie, eine Sole-Trinkkur zu machen. Rasch verbesserte sich das Allgemeinbefinden. Nach ihrem eigenen Bekunden schienen die Schmerzen ihren Ausgangspunkt vor allem im Leber-Galle-Bereich zu haben. Durch die Soleanwendung verspürte sie erhebliche Erleichterung. Insbesondere wurde dadurch der Abgang von Darm- und Magenwinden gefördert, was sich wiederum positiv auf die Migräneattacken auswirkte. Seither kommen die Migräneattacken nur noch sehr selten vor.

Augenleiden

Herr Fechner leidet seit Jahren an einer augenärztlich diagnostizierten Unterversorgung von Tränenflüssigkeit. Vermehrte Arbeit am Computerbildschirm sorgte für eine kontinuierliche Verschlechterung, was mit einer erhöhten Anfälligkeit für Binde- und Lederhautentzündungen einherging. Der Augapfel war abends in der Regel stark gerötet, obwohl während des Tages Augentropfen genommen wurden. Herr Fechner hat die Augentropfen mit einer 1%igen Solelösung (aus Heilwasser hergestellt) getauscht. Nun nimmt er statt der medizinischen Tropfen zwei Mal täglich die Soletropfen und seine Beschwerden sind vollkommen verschwunden. Sein 14-jähriger Sohn Samuel hatte erste Anzeichen derselben Problematik. Brennen und Reizung der Augen. Er badet seine Augen täglich in einer Augenbadewanne mit der gleichen Solelösung und auch seine Beschwerden sind vollkommen verschwunden.

Die 5-jährige Tochter Anna neigt seit der Geburt zu Bindehautentzündung. Vor allem in Verbindung mit einer Erkältung. Sie wird gegen diese Beschwerden bereits mit Euphrasia D3 homöopathisch behandelt. Während dieses Winters hatte sie scheinbar eine hochinfektiöse Bindehautentzündung, die einfach nicht heilen wollte. Anna bekam zusätzlich zu den Euphrasia-Tropfen dann noch eine 1%ige Solelösung und die Beschwerden gingen zurück. Seither kam es zu keiner Entzündung mehr.

Schmerzen und Folgeschäden durch Chemotherapie

Während des Besuchs in einem ganzheitlich ausgerichteten Kurhotel wurde Frau Rappold auf die Kassetten von Herrn Ferreira aufmerksam gemacht. Über das Buch »Wasser & Salz« (Hendel, Ferreira) wurde sie auf das Floatarium aufmerksam. Intuitiv hatte sie das Gefühl, dass dies ihre Beschwerden nach der Operation und der Chemotherapie bessern könnte. Frau Rappold hatte gerade eine höchstdosierte chemotherapeutische Behandlung hinter sich. Nach der zweiten Sitzung verlor sie auch ihren Geschmackssinn. Nach der vierten chemotherapeutischen Behandlung war sie erstmals im Floatarium. Sie fühlte sich nach eigenen Angaben sehr wohl in der Sole. Zwei Tage später stellte sich zu ihrer Verblüffung der Geschmackssinn wieder ein, der ihr bis heute blieb.

Bei Frau Rappold stellten sich immer zwei bis drei Tage nach einer Chemo heftige Schmerzen in den Beinen ein. Sämtliche Schmerzmittel versagten. Nach weiteren zwei bis drei Tagen vergingen die Schmerzen

dann von alleine wieder. Frau Rappold experimentierte nun mit dem Floatarium. Inspiriert und motiviert von den Erfolgen wollte sie vor und nach der fünften Chemo jeweils einen Termin im Floatarium buchen. Nachdem sich ihre Blutwerte allerdings kurzfristig verschlechterten, musste die Chemo um eine Woche vorgezogen werden, so dass sie jetzt zwei Floatarium-Termine vor der sechsten Chemo hatte. Die sonst so gefürchteten Schmerzen in den Beinen blieben zu ihrer totalen Verwunderung aus.

Blutdrucksenkung

Frau Kuttner schreibt, dass ihr Mann nach vier Schlaganfällen nach wie vor unter sehr hohem Blutdruck leidet. Medikamente hatten keine anhaltende Wirkung. Mehrmals täglich musste er Nitro-Spray anwenden, damit er seinen Zustand einigermaßen stabilisieren konnte. Über eine Bekannte kamen die Eheleute an Kristallsalz. Zweifelnd aber dennoch hoffend setzten sie Sole an. Der Mann nahm täglich einen Teelöffel voll. Resultat: Seit mehr als einem Jahr hat sich der Blutdruck des Mannes auf normale Werte stabilisiert. Als die Eheleute im Auslandsurlaub eine Dame trafen, die auch unter hohem Blutdruck litt, aber ihre Medikamente vergessen hatte, verabreichten sie ihr ebenfalls einen Teelöffel voll Sole. Ihr Blutdruck zeigte keine Unregelmäßigkeiten. Eigentlich wollte die Dame schon ihren Urlaub abbrechen und die Medikamente holen. Jetzt ist sie begeisterte Sole-Anwenderin und erfreut sich bester Gesundheit.

Chronische Sinusitis

Frau Stefan hatte eine äußerst hartnäckige chronische Sinusitis (Nasennebenhöhlenentzündung). Sie erfuhr von Bekannten, dass die Soleanwendung Linderung schaffen könnte. Nachdem sie über mehrere Wochen eine Sole-Trinkkur machte und begleitend dazu Nasenspülungen mit einer 3%igen Soleverdünnung, war die Entzündung nach vier Wochen vollkommen verschwunden. Frau Stefan nahm keine weiteren Medikamente zusätzlich.

Drogenabhängigkeit

Herr Reinhard war mehr als 20 Jahre von unterschiedlichen Drogen abhängig. In den letzten Jahren gab es so gut wie keinen Tag, an dem er nicht irgendetwas nehmen musste. Dabei war er in der Wahl seiner Drogen durchaus flexibel. Ob Marihuana, Ecstasy, Amphetamine oder Kokain, in der Wahl der Mittel war ihm alles recht. Dennoch führte er ein unauffälliges Privat- und Berufsleben. Beruflich war er erfolgreich und niemand vermutete bei Reinhard eine so starke Drogenabhängigkeit. Er selbst sah eigentlich nie einen Grund, von sich aus auf Drogen zu verzichten. Wie viele andere Drogensüchtige auch, war Reinhard ein äußerst spirituell interessierter Mensch. Er war, das konnte man auf allen Ebenen erkennen, ein wahrhaft Suchender, der sich scheinbar vor Jahren einmal in der Tür irrte und seither als Süchtiger auf der Suche ist. Sucht und suchen haben nicht nur vom Wortstamm Gemeinsamkeiten. Durch »Zufall« erhielt er die Vorträge von Peter Ferreira auf Kassetten. Ihm war sofort klar, dass er mit der Sole-Trinkkur beginnen müsse. Innerlich wusste er, dass es ihm an Struktur und Konsequenz mangelte.

Nachdem Reinhard die Sole-Trinkkur über mehrere Wochen durchgeführt hatte, stellte er verwundert fest, dass sein Verlangen nach Drogen so gut wie weggeblasen war und er entschied sich von einen Tag auf den anderen den Drogen zu entsagen. Reinhard ist auch heute noch clean und lebt in einer neuen glücklichen Beziehung.

Erfahrungen mit Sonnenhellmitteln

Hyperaktivität und Schwerhörigkeit

Karoline S. ist drei Jahre alt. Nach Aussagen der Eltern ist sie schwer hörbehindert bis taub. Weitere auffällige Symptome sind Hyperaktivität mit Neigung zu Aggressivität. Sie beißt, schlägt um sich und ihre Gesichtszüge und ihre Körperhaltung sind verkrampft. Die einmalige Einnahme eines einzigen Sonnenkügelchens ging mit einer schlagartigen Veränderung des Kindes einher: Innerhalb weniger Sekunden löste sich die Verkrampfung vollständig auf, Karoline wurde anschmiegsam, sie lächelte und antwortete zur völligen Überraschung ihrer Eltern auf Fragen, die in normaler Lautstärke gestellt wurden.

Herzstillstand

Rober K. ist Mitte 60. Bei einem Messebesuch fiel er plötzlich tot um (so genannter Sekundentod). Nachdem Therapeuten sofort zur Stelle waren (Gesundheitsmesse), konnte der Mann wiederbelebt werden und die Atmung setzte nach einiger Zeit wieder ein. Die Einnahme von zwei Sonnenglobuli stabilisierte den Mann so weit, als wäre nichts geschehen. Nach so einem Ereignis (Herzstillstand) stehen die Menschen normalerweise unter Schock und haben große Angst. Bei Robert K. war genau das Gegenteil der Fall. Er scherzte und war bester Laune. Als nach etwa zehn Minuten der Notarzt eintraf und die routinemäßigen Untersuchungen durchführte, stellte dieser einen vollkommen normalen Blutdruck fest. Der Herzschlag war gleichmäßig und es waren keine Anzeichen für den Sekundentod erkennbar. Robert K. stieg scherzend und bester Laune auf die Krankenbahre und das medizinische Personal staunte.

Taubheitsgefühle im Finger

Renate B. hatte sich schon damit abgefunden, dass der Daumen ihrer rechten Hand taub bleiben würde. Nach einer Nervenverletzung hatte die 55-Jährige bereits seit Jahren kein Gefühl mehr in ihrem Daumen. Aufgrund einer Sehnenscheidenentzündung in ihrer linken Hand rieb sie sich diese mit Mohnblütenöl ein. Zwangsläufig musste sie dazu den Daumen der rechten Hand verwenden, damit sie das Mohnblütenöl schön auf ihrer linken Hand verteilen und einmassieren konn-

te. Nachdem Renate B. dies täglich wiederholte, spürte sie zu ihrem Erstaunen bereits zwei Tage später ein Kribbeln im tauben Daumen. Einige Tage danach kamen das Gefühl und die Empfindung wieder vollkommen zurück. Renate B. spürt ihren Daumen wieder ganz normal, als wäre nie etwas damit gewesen.

Beschwerden nach Knieoperation

Bei der lettischen Politikerin Irina B. wurden die Beschwerden nach einer Knieoperation immer größer. Dies führte sogar bis zur Unbeweglichkeit des Knies. Nach nur einmaligem Einreiben des Knies mit Mohnblütenöl waren die Schmerzen verschwunden und nach ein paar weiteren Tagen war das Knie wieder beweglich.

Rheuma und Knieschmerzen

Die 75-jährige Anna N. behandelte ihre Knieschmerzen mit Mohnblütenöl und stellte mit Freude fest, dass durch das Einreiben der Kniegelenke die rheumatischen Schmerzen in den Händen verschwanden. Auch ihre Knieschmerzen verschwanden.

Arthritis

Die Pianistin Erika L. aus Wien hatte Arthritis. Die starken Schmerzen in ihren Händen zwangen sie zur Frühpension. Ohne schmerzlindernde Medikamente konnte sie es kaum aushalten. Eines Tages rieb sie sich auf Empfehlung einer guten Bekannten mit Mohnblütenöl ein. Am nächsten Tag war sie seit langer Zeit schmerzlos wach geworden und da bemerkte Erika L. erst zur Mittagszeit, dass sie vergessen hatte ihre Medikamente einzunehmen, die sie seither nicht mehr benötigt.

Lockerer Zahn

Der 45-jährige Hubert F. hatte seit längerem einen wackeligen Zahn. Alles deutete schon darauf hin, dass er den Zahn verlieren werde. Nach einer zweiwöchigen Kur mit Zwetschgenholz-Asche hatte sich das Zahnfleisch so sehr gestärkt, dass der Zahn wieder festen Halt hatte. Von Wackeln keine Spur mehr.

Durchblutungsstörungen in den Fingern

Die Finger von Renate H. sind seit einigen Jahren bei Berührung mit Kälte gefühllos, manchmal sogar blau. Ein Aufenthalt im Krankenhaus mit gründlichem Gesundheits-

check brachte keine konkreten Ergebnisse. Nachdem Renate H. Kastanienpulver-Tee getrunken hatte, bemerkte sie bereits am ersten Tag eine Veränderung in ihren Händen. Nach drei Tagen begannen die Fingerspitzen zu kribbeln und zu schmerzen. Am vierten Tag hörten das Kribbeln und der Schmerz auf! Seither sind die Finger an beiden Händen bestens durchblutet und angenehm warm.

Menstruationsbeschwerden

Die 25-jährige Eva H. litt seit Jahren unter starken Menstruationsbeschwerden, das wirkte sich so aus, dass sie aufgrund der starken Schmerzen einen Tag im Monat völlig unpässlich war. Nach einer Kur von zwei Wochen mit Kastanienpulver war sie erstmals seit langem wieder beschwerdefrei.

Anhang

Nachstehend finden Sie einige ausgewählte Bezugsadressen von den hier im Buch vorgestellten Produkten.

Im Landkaufhaus Mayer erhalten Sie fast alle in diesem Buch beschriebenen Artikel.

Landkaufhaus Mayer
Vachendorfer Str. 3
83313 Siegsdorf
Tel.: 08662/4934-0
Fax: 08662-4934-30
Internet: www.landkaufhausmayer.de
E-Mail: landkaufhaus@t-online.de

Informationen zu Wasser
Sie können sich bei Ihrem zuständigen Wasserversorger direkt über die Wasserqualität erkundigen. Meist ist das die Stadt oder die Gemeinde. Fragen Sie nach eventuell vorliegenden Prüfberichten.

Bundesverband der deutschen Gas- und Wasserwirtschaft
Akademiestr. 7
80799 München
Tel.: 089/381587-0
Fax: 089/381587-1
Internet: www.bgw.de
E-Mail: vbgw@vbgw-dvgw.de

Umweltbundesamt
Postfach 1406
06813 Dessau
Tel.: 0340/2103-0
Fax: 0340/2103-2285
Inernet: www.umweltbundesamt.de

Wasservitalisierung, Wasserverwirbelung etc.
Hado Deutschland
Jörg Schweitzer
Am Baumolus 5
51570 Windeck
Tel.:02243/843502
Fax 02243/843501
E-Mail info@hadoweb.de
Internet: www.hadoweb.de

Vertrieb biotechnischer Erzeugnisse
Jens Fischer e.K.
Am Hinteren Feld 13
29683 Bad Fallingbostel
Tel.: 04951/622437
Fax: 04951/626783
Internet: www.fischer-wirbelwasser.de
E-Mail: fischer-fallingbostel@t-online.de

Oecovita AG
Seestrasse 4b
CH-8806 Bäch/SZ
Tel. +41(0)16875025
Fax +41(0)16875026
E-Mail: info@oecovita.de
Internet: www.oecovita.com

Filter und Levitationsgeräte
Kristallklar
Thomas Ammon
Moorweg 21
24640 Schmalfeld
Tel.:04191/953922
Fax: 04191/953923
E-Mail: info@kristallklar.de
Internet: www.kristallklar.de

EWO Wasservitalisierung
Franz Glanz
Burgweg 25 b
83246 Unterwössen
Tel.: 08641/695420
Internet: www.ewo-wasser.de
E-Mail: info@ewo-wasser.de

Grander Wasser
U.V.O. Vertriebs KG
Kocheler Straße 101
D-82418 Murnau
Tel.: 08841/67670
Fax: 08841/6767-67
E-Mail: uvo-germany@grander.com
Internet: www.grander.com

Plocher Technologie
Torenstraße 26
88709 Meersburg
Tel.: 07532/4333-0
Fax: 07532/4333-10
E-Mail:energiesystem@plocher.de
Internet: www.plocher.de

Penergetic
Daniel Plocher Katalytic Systems e. K.
Unteruhldinger Str. 80
D-88709 Meersburg
Tel: 07532/4950 13
Fax: 07532/4950 15
E-Mail: info@penergetic.com
Internet: www.penergetic.com

Magnetisierung
EWL Umwelttechnik Vertriebs GmbH
Miesbacher Str. 6a
83703 Gmund-Dürnbach
Tel.: 08022/9685-0
Fax: Tel.: 08022/9685-20
E-Mail: info@magnolith.de
Internet: www.magnolith.de

Franz Donkers
Kalkschutzgeräte
Paracelsusstraße 2
53498 Bad Breisig
Tel.: 02633/473388-4
Fax: 02633/473388-6
E-Mail: pm-3@gmx.de

Umkehrosmosegeräte
Revos Watercooler GmbH
Lochhausener Str. 205
81249 München
Tel.: 089 /790466-0
Fax: 089/79046629
E-Mail: info@revos.de
Internet: www.revos.de

Floaten
Ozeanien GmbH
Tölzer Str. 12
D-83607 Holzkirchen
Tel: 08024/3031975
Fax: 08024/3031977
E-Mail: mail-to-ozeanien@web.de
Internet: www.ozeanien.de

Informationen zu den Arbeiten von Dr. Masaru Emoto
HADO Life Europe
Dipl.-Ing. MSc Rasmus Gaupp-Berghausen
Essanestraße 164
9492 Eschen/Liechtenstein
Telefon: +(423)3730220 (Büro)
Telefon: +(423)3730221 (Labor)
Fax: +(423)3730222
Internet: www.hado-life-europe.com
E-Mail: office@hado-life-europe.com

Informationen zu Jakob Lorber und Heliopathie
Lorber Verlag
Hindenburgstraße 5
74321 Bietigheim-Bissingen
Tel.: 07142/940843
Fax: 07142/940844
Internet: www.lorber-verlag.de

Interssante private Seite zu Jakob Lorber
Internet: www.j-lorber.de

Weiterführende aktuelle Informationen zum Thema Salz, Wasser und Licht vom Autor finden Sie auf der Internetseite zum Buch
www.salzwasserlicht.de

Fragen und Anregungen richten Sie per E-Mail an
info@salzwasserlicht.de

Bildnachweis:
Imagine Volume 1 und 2: S. 3, 11, 13, 18, 71, 139, 148, 154
digitalvision: S. 4, 5, 6, 7, 8, 9, 14, 23, 24, 29, 36, 43, 45, 57, 58, 59, 63, 68, 72, 76, 86, 89, 94, 98, 102, 120, 126, 135, 136, 146, 153, 157, 163, 165, 168, 171, 172, 174, 176, 178, 181, 182
Landhaufhaus Mayer: S. 30, 41, 47, 53, 56, 60, 111, 112
Nuhrovia GmbH: S. 160, 161, 165
Hado Life Europe: S. 6, 34, 35, 101, 112, 114, 115, 116
Photo Objects Volume 1: S. 16, 17, 20, 22, 33, 34, 37, 85, 109, 110, 118, 131, 143, 144, 145, 147, 148
Heilstollen Bad Gastein: S. 42
Nasa; S. 8, 132, 148, 154
Ozeanien: S. 69, 70
Water collection 24: S, 12, 81, 83, 119
eativ collection Wasser 1: Titelseite S. 120, 122

Masaru Emoto / Jürgen Fliege

Die Heilkraft des Wassers

Jürgen Fliege, der beliebte deutsche Fernsehpfarrer und Masaru Emoto, der japanische Wasserwissenschaftler und weitere Gastautoren haben sich zusammengefunden und berichten von ihren persönlichen Erlebnissen mit dem Wasser, wie es ihr Leben geformt hat und was sie daraus gelernt haben.

Folgen Sie den Autoren auf ihrer bewegenden Entdeckungsreise zu den neuen Dimensionen dieses uralten Elements. Staunen Sie beim Betrachten der Bilder, die von ungeahnten Fähigkeiten des Wassers sprechen. Lernen Sie, sich diese Erkenntnisse ganz praktisch zu Nutze zu machen, zu Ihrem Wohle und dem Wohle der Erde. Lassen Sie sich verzaubern und heilen.

144 Seiten, gebunden

€ 19,95

ISBN 3-936862-48-6

Masaru Emoto

Die Botschaft des Wassers Band 1

Masaru Emoto begann Mitte der achtziger Jahre die energetische Struktur des Wassers zu erforschen. Er fotografierte erstmals die Kristalle von gefrorenem Wasser. Unter schwierigsten Bedingungen entstanden atemberaubende Aufnahmen. Er nahm Wasserproben von verschiedensten Gewässern; er beschallte Wasser mit der Musik von Beethoven, Mozart oder auch Elvis Presley; er zeigte dem Wasser verschiedene Wörter in verschiedenen Sprachen... Hier wird erstmals der Beweis geliefert, dass Wasser auf Gedanken und Gefühle, Worte und Bilder reagiert.

gebunden, 144 Seiten, Bildband

€ 25,00

ISBN 3-929512-21-1

Bärbel Mohr

Neue Dimensionen der Heilung

»Es gibt keine Patentrezepte«, sagt Bärbel Mohr, »es geht um Eigenverantwortung«. Gesundheit ist häufig weniger eine Sache des Schicksals als eine Sache der Entscheidung. Nur – wer sich überhaupt nicht auskennt, weiß gar nicht, dass er die Wahl hat.
Gerade bei aktuellen Themen wie Entsäuerung, Wasser und so heiklen oder heiß umkämpften Themen wie Zahnsanierung helfen diese Informationen und Anregungen bei der Entscheidungsfindung.
Besonders spannend sind außerdem einige weniger bekannte Heilweisen wie die Selbstheilungstechnik Hsin Tao aus dem Shaolin-Kloster, Prana-Heilung, indianische Heilweisen oder die Parasitenkur nach Clark, Chineng-Chi-Gong mit dem nicht nur in China tausende von Schwerstkranken bereits geheilt wurden, die Erkenntnisse der neurobiologischen Spitzenforschung zu Umprogrammierungsmöglichkeiten der Gentätigkeit und vieles mehr.
Eine wahre Fundgrube sind die zahlreichen Kontaktadressen zu den einzelnen Sachgebieten.
272 Seiten, gebunden
€ 17,95
ISBN 3-936862-38-9